首都职工素质建设工程专版教材

U0798401

职业素质加油站

北京出租车驾驶员素质提升读本

首都职工素质建设工程指导委员会办公室◎组编

张玲莉◎主编

中国工人出版社

图书在版编目(CIP)数据

职业素质加油站:北京出租车驾驶员素质提升读本/张玲莉主编. —北京:中国工人出版社,2012.5

ISBN 978-7-5008-5192-9

Ⅰ.①北… Ⅱ.①张… Ⅲ.①出租汽车-汽车驾驶员-素质教育-学习参考资料 Ⅳ.①U471.3

中国版本图书馆 CIP 数据核字(2012)第 084539 号

职业素质加油站:北京出租车驾驶员素质提升读本

出 版 人 李庆堂
责任编辑 安 静 李素素
责任校对 孙乃伟
责任印刷 马东旭
出版发行 中国工人出版社(北京市东城区鼓楼外大街 45 号 邮编:100120)
网 址 http://www.wp-china.com
电 话 010-62350006(总编室) 010-62382376(职工教育分社)
010-82075964(传真)
发行热线 010-62005996 82075964(传真)
读者服务 010-62382376
经 销 各地书店
印 刷 北京睿特印刷厂大兴一分厂
开 本 880 毫米×1230 毫米 1/32
印 张 4.75
字 数 100 千
版 次 2012 年 5 月第 1 版 2015 年 5 月第 3 次印刷
定 价 18.00 元

本书如有破损、缺页、装订错误,请与本社读者服务部门联系更换

首都职工素质建设工程专版教材
指导委员会

首都职工素质建设工程专版教材
编委会

前 言

首都职工素质建设工程是北京市总工会、北京市委组织部、北京市委统战部、北京市教育委员会、北京市科学技术委员会、北京市经济和信息化委员会、北京市财政局、北京市人力资源和社会保障局、北京市人民政府国有资产监督管理委员会、北京市工商业联合会、北京市科学技术协会、中央广播电视大学和北京广播电视大学 13 家单位，在终身学习背景下，将全面提高首都职工队伍素质作为长期战略任务而为全市职工搭建的公共服务共享平台。为向该平台提供有效、实用的教学内容和课程资源，首都职工素质建设工程指导委员会办公室与中国工人出版社联合开展了“首都职工素质建设工程专版教材开发项目”。

中共中央总书记、国家主席、中央军委主席胡锦涛于 2008 年 10 月在人民大会堂同全国总工会新一届领导班子成员和中国工会十五大部分代表座谈时发表重要讲话，强调要全面提高职工队伍思想道德素质和科学文化素质，充分发挥“工会大学校”作用，坚持在全国广大职工中深入开展社会主义核心价值观体系建设，特别是要引导广大职工群众牢固树立中国特色社会主义共同理想和实现中华民族伟大复兴的坚定信念，着力培养造就一大批知识型、技术型、创新型的高素质职工，不断推进我国职工队伍知识化进程。

首都职工素质建设工程是深入落实科学发展观的一项重大

举措，是加快推进首都职工知识化进程的务实、创新之举。“首都职工素质建设工程专版教材开发项目”将以全市职工为受教育主体，以全面提高职工思想道德素质、科学文化素质和技术技能水平为主要目标，以增容新知识、传授新理念、提升新技能为主要内容，以通用能力培训和行业知识培训为支点，确保在最大范围内满足各层次职工职业生涯发展和实现自我超越的需求。

“首都职工素质建设工程专版教材开发项目”的顺利开展，得到了中国工人出版社的大力支持。中国工人出版社隶属于中华全国总工会，下设职工教育分社专业从事职工教育领域图书出版业务，其目标是为全国亿万职工提供优质的职工素质教育、岗位资格培训教材，职工读物，以及相关音像产品，承担着中华全国总工会“全国职工素质建设工程”五年规划教材研发出版任务。参与该项目的建设，是中国工人出版社“服务职工、服务企事业、服务工会”的出版理念，在落实和践行提高职工队伍整体素质战略举措中发挥知识服务作用的体现。

为尽快将资源建设内容传递到首都职工手中，在“共同参与、共同研究、共同建设”的出版和培训理念的指导下，我们的工作得到了许多专家、业内人士和广大企业与职工的大力支持和有关方面的鼎力相助，在此表示衷心的感谢！

该系列教材的开发是我们在职工素质教育探索工作中的初步成果。限于我们的能力和水平，不足之处在所难免。衷心期望社会各界、特别是广大学习者提出宝贵意见和建议。

首都职工素质建设工程指导委员会办公室

2012 年 5 月

目录
Contents

目 录
Contents

第一讲

出租车驾驶员的职业道德规范

一、做一名遵守职业道德的好驾驶员

（一）出租车职业与众不同

出租车驾驶员的职业道德是在其职业活动中所体现的具体行为准则，是调整驾驶员与乘客、企业、国家和社会等方面关系的行为规范，也是评价驾驶员职业行为善恶、美丑、荣辱和是非的标准。

出租车行业的运营生产一般采用的是单人单车作业，行驶路线具有“随意性”，服务地域相对较大，服务对象比较广泛，服务时间也较长，因而在运营方面有明显的“点多、面广、流动、分散”的特点。如果一名出租车驾驶员不具备一定的职业道德素质，就很容易受社会消极因素或不良习惯的影响。所以，出租车驾驶员必须以其职业道德规范来衡量、要求和检查自己的行为。

作为出租车驾驶员，具有与其他职业不同的行业特点，主要体现在以下几个方面：

1. 工作性质流动性较强，具有一定的分散性

出租车驾驶员服务的实质就是实现乘客与物品的位移。这种运动生产方式的特点是点多、面广和分散，并且监管难度大。这就要求驾驶员自觉地遵章守法、注重公德，保证客运出租运输的有序进行。

2. 工作对象既具有独立性，又具有广泛的联系性

出租车驾驶员在运营过程中要与不同需求的人员打交道，经常需要独立处理遇到的各种紧急情况，如乘客对道路不熟，误以为绕道要投诉；夜间行驶遭遇劫匪；不法分子在车内从事违法犯罪活动等。这就要求出租车驾驶员必须具有独立应对问题、处理问题的能力，还要有团结协作、配合的精神，在遇到特殊情况时，及时联系车队、队友以寻求帮助。

3. 工作内容意外因素多，对安全要求高

出租车在道路上行驶时，常会受到行人突然横穿马路、自行车绕越水坑，以及其他车辆强行并线等各种意外因素的影响，发生交通事故的可能性大。这就要求出租车驾驶员严格遵

守交通法规，时刻把安全放在第一位，熟练掌握驾驶技能，确保交通安全及乘客和自身的安全。

4. 工作风貌代表着城市的文明

出租车是重要的城市公用基础设施，是城市的流动窗口，是重要的城市形象“名片”。出租车驾驶员的工作是直接为乘客提供用车服务，在本地人民面前代表着企业的形象，在外地人面前代表着本地的文明程度，在外国人面前代表着中国人的文明水平。因此，作为出租车驾驶员，应该努力树立文明形象，以优良的服务态度和高尚的职业道德去感染周围的人们，充分发挥城市文明窗口的作用。

（二）出租车驾驶员应具备的职业道德意识

出租车驾驶员能否安全行车，直接关系到人民的生命财产安全，关系到企业的声誉、经济利益和服务质量。出租车驾驶员应具有良好的职业道德意识，时时处处把安全行车放在心头。

1. 做到“三不抢”、“五不准”和“十不开”

作为一名合格的出租车驾驶员，要严格遵守交通法规，树立“安全第一”的意识，行车时不应该心浮气躁，忌开霸王车、赌气车、“带病”车。“宁停三分，不抢一秒”，在运营中应认真做到：“三不抢”、“五不准”和“十不开”。

（1）“三不抢”。

“三不抢”，即在路口、人行横道、立交桥处不抢行。

（2）“五不准”。

“五不准”，即不准超速行驶、不准违章超车、不准曲线行驶、不准酒后开车、不准乱停乱放。

（3）“十不开”。

“十不开”，即不开冒险车、不开麻痹车、不开带病车、不开英雄车、不开斗气车、连续工作不开疲劳车、无人检查不开自由车、客人时间紧不开急躁车、对方态度差不开赌气车、自己心情不好不开情绪车。

2. 保持平和心态，切忌养成七大陋习

出租车驾驶员在行车过程中应时刻保持平和心态，把交通法规放心上，依法行驶，这是每个出租车驾驶员都应该做到的。要养成依法行驶的好习惯，切忌养成开车中的七大陋习，即：

（1）随意拐弯、并线、停车，且不打转向灯。

（2）加塞儿，抢行，乱停车。

（3）远光灯、雾灯长亮。

（4）雨后行车不减速。

（5）快车道慢行。

（6）向车外抛掷杂物、吐痰。

（7）仗车欺人，乱鸣喇叭。

这七大陋习中，几乎都涉及驾驶员的心态和素质问题。只有把心态放平和，才能保证安全，即使遇到再急的事，也要以遵守交通规则为第一前提，越是心急，越容易发生事故。

3. 安全行驶，预防为先

安全第一，预防为主。作为出租车驾驶员，担负着乘客的生命安全，因此，在任何情况下都必须保持头脑清醒，对可能出现的影响行车安全的情况要进行充分估计，正确判断，要有强烈的责任心和谨慎细致的作风。

“宁可谨慎一生，不可疏忽一秒”。作为驾驶员，在出车前，必须对车辆进行必要的检查，避免坏车、病车上路，即便乘客有十分着急的事情，也必须确保安全行驶，保证行车安全。工作中应该保持精神饱满，注意力高度集中，切勿“逞英雄”或者疲劳驾驶。

4. 文明运营，公平竞争

作为窗口行业，出租车运营秩序的好坏，直接反映出一个城市的管理水平和文明程度，直接关系到区域经济发展环境，老百姓的生产生活。出租车驾驶员的文明运营、公平竞争应当注意以下几点：

（1）严格执行统一运价，严格照章收费。

（2）讲文明树新风，真诚公道，禁止私自改装计价器和故意绕路的行为。

（3）努力钻研技术、规范操作、见义勇为、弘扬正气。

（4）时刻做到礼让三先，即要求能够先让、先停、先慢。

（5）运营公司间严禁拉帮结派、划分“势力”、搞区域垄断等不正当竞争。

5. 吃苦耐劳，做好服务

出租车驾驶员的工作不仅是完成客运任务，更重要的是完成为乘客提供服务的过程。出租车驾驶员因为工作要求，需要不分时间、不分自然条件地提供驾驶服务，如半夜一两点钟在大多数人已进入梦乡时，出租车驾驶员仍要坚持工作，以保持运输畅通，为少数乘客提供客运服务。这就要求每位出租车驾驶员能够克服困难、吃苦耐劳、一视同仁、热情对待每一位乘客，不能因为时间、场合的不合适对乘客进行拒载或者出现半途甩客现象。

出租车驾驶员驾车行驶在道路上，每天都会遇到形形色色的人或各种意想不到的事情，在条件允许的情况下，应主动为需要帮助的乘客服务。

的士故事

“轻踩一脚，海阔天空”

“轻踩一脚，海阔天空”，是李师傅经常挂在嘴边的一句口头禅。李师傅是某国企车队有名的“零分司机”，开车20多年来，累计行车近百万公里安全无事故、无违障。别人问他为什么总有这么好的心态，他总是说，“开车不是斗气，开车没有竞争，让一让，安全第一”。

有一次李师傅在拥堵的二环上缓慢行驶，突然一辆别克车斜着向左插进来。眼看着两辆车马上就要进行亲密接触了，李师傅连忙轻踩刹车，示意让他过去。别克车司机十分不好意思地冲李师傅竖起了大拇指，李师傅也回敬他微笑并招招手。

由此可见，遵守交通规则不仅是社会公德的体现，也是职业道德的表现，是每一位优秀的驾驶员都应该做到的。

小贴士

拥堵城市道路的行车技巧

由于北京机动车保有量的不断增加，北京交通拥堵现象越来越严重。在拥堵的道路上行车，需要掌握两大类技巧：一是跟车技巧，二是过路口技巧。

1. 跟车技巧

（1）根据前车的速度和自己的速度确定与前车的距离。

（2）跟车速度越快，车距就要越大。一般在堵车时，车距控制在视线越过车头可看到前车后保险杠即可。

（3）如果前车刹车灯亮起的时候，应马上减速。减速时，要采用点刹的方式，一是给后车发出减速信号，二是点刹可以有效缩短刹车距离。

（4）尽量不要跟在公共汽车和其他出租车后面，这些车辆停车的随意性较大。

2. 过路口技巧

（1）过路口时，尽量不要跟在大型车辆后面，以免因被遮挡视线而看不到信号灯。

（2）如果在过路口时遇到前车是大型车辆的情况，应尽量拉开车距，不要跟得太近，可以向左或者向右稍微移出车身，看清信号灯再走。

(3) 当发现前车要抢信号灯时，要提前刹车减速，加大与前车的距离，防止因前车急刹车导致反应不及而追尾。

二、出租车驾驶员的职业素养

（一）热爱本职工作

所谓“干一行，爱一行”，是指只有出于对某一行业的热爱并用心去干，才能在本职岗位干出成绩，干出快乐。热爱本职工作，是每一位出租车驾驶员应具备的素质和修养，这也是对出租车驾驶员最基本的职业要求。

出租车驾驶员在择业时应端正动机，树立正确的职业理想，真正做到热爱本职工作，履行岗位职责，不断地追求创新，追求进步。运营中应积极为每位乘客着想，真心为乘客服务，永远保持健康的心态，正确对待苦与乐、名和利、得与失，把履行职业义务为乘客服务看做是自己无上光荣的责任，只有这样才能在工作中收获快乐和赞誉。

（二）提供优质服务

作为服务行业，提供优质服务是出租车驾驶员的本职工作。提供优质服务，就要做到“四个坚持，两个要求”。即：坚持乘客至上，坚持信誉第一，坚持礼貌待客，坚持文明服务；要求仪表端庄、举止大方，要求急人所难、照顾特殊。

1. 四个坚持

（1）坚持乘客至上。

当乘客做了预约服务后，出租车驾驶员应做到合理安排，以最经济、最快捷的原则为乘客设计合理路线，同时要求能够及时准点，达到用车目的。

坚持乘客至上就是要换位思考，充分考虑各种细节，如下雨天乘客用车，在停车时应选择无积水的位置，以方便乘客上下车；下车时应提醒乘客带好随身物品等。只有将乘客放在第一位，才会有更多的客源，企业和个人才能有较快地发展和较好的经济收益。

（2）坚持信誉第一。

信誉在人与人的交往中非常重要，对于出租车驾驶员也同样重要。有的驾驶员可能会认为出租行业特点决定了很多乘客都是一面之缘，不必将信誉放在重要位置。但试想，若真轻视信誉，最终遭到投诉，伤害的是自己的利益。要牢记一句话：一个人如果不讲信誉，实际上就是在砸自己的饭碗。

（3）坚持礼貌待客。

出租车驾驶员在工作中应用语规范，使用文明用语，和乘客说好每一句话。

（4）坚持文明服务。

在接待乘客时要努力做到面带微笑，讲究礼节，态度诚恳，不擅动乘客物品。有条件时，要主动扶老携幼，帮拿行李。乘客下车时，驾驶员应热情告别并注意提醒乘客不要将物品遗忘在车内。

2. 两个要求

（1）要求仪表端庄，举止大方。

对出租车驾驶员来讲，仪表端庄不仅是个人修养问题，也是其服务态度和服务质量的重要组成部分。它体现着一种积极向上、朝气蓬勃的精神风貌，能向乘客传播文明信息，起到净化社会风气的作用。

（2）要求急人所难，照顾特殊。

在出租车驾驶员的服务对象中，有一部分是老、弱、病、残、孕、幼，以及有着各种特殊需要的乘客。对这些乘客，驾驶员应该给予足够的关心、照顾，为其解难，这既是人道主义精神在服务中的具体体现，也是驾驶员职业道德的行为要求。

（三）知识结构丰富

出租车驾驶员每天接触的乘客形形色色，有高学历的、有文化水平相对较低的，有不同民族，不同国籍的。这就要求出租车驾驶员要有相对较宽的知识面，这样才能更好地服务乘客及处理客运中遇到的问题。

1. 掌握汽车相关知识

车是出租车驾驶员完成客运的必备工具。在行车过程中，路面、环境等问题都会对车本身产生影响。出租车驾驶员应当了解一些车辆的技术性知识，并会排除常见的一些故障，当车出现问题时能及时作出处理，以免带来不必要的经济损失。

此外，由于汽车工业的发展，出租车的电脑化、自动化程度日益提高，这就对出租车驾驶员知识层面提出了新的更高要求，要求出租车驾驶员能够在原有技术知识的基础上，不断学习新技术和新方法。

2. 了解人文历史、风俗习惯等知识

出租车驾驶员应该了解一些关于历史、地理、人情、世故等方面的知识，这样才能为乘客提供更优质的服务。北京作为首都，作为旅游城市，每天都有来自海内外的人士参观游览，作为城市的“文明使者”用自己丰富的知识向乘客介绍首都北京的人文历史，不仅能让乘客了解北京，感受到北京出租车驾驶员的友善好客，还能在这个过程中让自己收获快乐。

3. 掌握心理学知识

作为出租车驾驶员，应该具备“察言观色”的能力，通过与乘客交谈和观察表情来体察乘客的内心世界。心理学知识能够帮助出租车驾驶员针对不同服务对象的需求，开展相应的服务，有效地提高服务质量。

虽然一次工作时间可能只有十几分钟或者几分钟，但也许一个贴心的服务细节，就会给乘客带来温暖。因此，掌握一定的心理学知识，是对每位出租车驾驶员提出的更高要求。

（四）熟悉交通地理

作为北京的出租车驾驶员，应该熟知城区以及郊区客流量集中、拥堵的各种路段。这就要求出租车驾驶员能够利用业余时间看报纸、听广播等，了解路名的更改和道路施工等情况，在实际运营中通过自己掌握的最佳行驶线路，向乘客提出行驶建议，从而找出最合理的方案。这样不但能够节约服务时间，同时还能为乘客带来方便。

（五）具备良好品德

诚实守信、廉洁自律充分体现了出租车驾驶员的高尚品质和美好心灵，彰显了出租车驾驶员的职业尊严和人格信誉。

驾驶员对乘客做到诚实守信，真诚公道，是正确处理驾驶员与乘客之间直接利益关系的行为准则。这就要求每位出租车驾驶员必须切实维护乘客的正当利益，做到真诚相待，收费公道，不弄虚作假，不欺骗刁难乘客；对待乘客应一视同仁，平等相待，公平合理。在运营服务中，对国内乘客和国外乘客一样看待，热情周到；在社会上某些丑恶现象面前，要保持清醒的头脑，不行不义之事，一旦发现违法犯罪行为，应勇于挺身而出，加以制止，而不与其同流合污或做旁观者。

小贴士

出租车文明诚信口诀

车容整洁，勤洗消毒；遵章驾驶，扬手停车；

扶老携幼，帮提行李；微笑问好，再问去向；
安全行车，温馨服务；不打手机，不吸香烟；
规范用语，争当向导；诚实守信，按表收费；
嘱带行李，致谢道别；拾金不昧，助人为乐。

三、良好心态享受驾驶工作

（一）开心工作离不开和谐的人际关系

古语说得好，天时地利不如人和。作为服务行业的出租行业，驾驶员的工作就是与不同乘客沟通，为不同乘客服务，因此，出租车驾驶员一定要处理好各种人际关系。

1. 处理好与乘客的关系

作为出租车驾驶员，一定要处理好与乘客的关系。驾驶员应善于揣摩乘客心理，观察乘客神情，选择恰当言辞，注意说话语气。如果乘客要去医院，可就自己所了解的寻医问药知识展开话题，关心乘客所想，给予力所能及的帮助；如果乘客是来旅游观光，可就旅游景点、门票、住宿、饮食等方面给乘客提供一些参考信息。

当然，说话多少与分寸都要视具体情况而定，不可喋喋不休，既影响乘客情绪，又使自己工作不能专注，从而影响服务质量。

2. 处理好与同行的关系

工作中必然有竞争关系，有的出租车驾驶员经验丰富，对地形比较熟悉，哪里是客流聚集地，哪里堵车或不堵，都能心中有数，这些经验直接影响到一天的收入。

在运营闲暇之际，出租车驾驶员之间应该相互学习、相互交流、相互帮助，取长补短。当同行取得成就、赢得各种褒奖时，不可生嫉妒之意，应把他人的成功视为鼓励自己奋进的目标，反思自己的不足，调整技术，以使自己获得更大成功。

3. 处理好与检查人员的关系

日常检查是为了让出租车驾驶员更好地为乘客服务。因此，当检查人员在进行检查时，不能阻挠拒绝，应服从检查处理，即使有误，也应事后再向有关部门反映、解释，行使申诉权，不要在现场吵闹。

（二）驾驶员人际交往需注意的细节

在服务中，每一位驾驶员都处于各种各样的关系之中，调节好人际关系，加强人际关系的修养十分重要。它可以加强人与人之间的相互理解、信任、关心和友爱，形成良好的社会交往习惯，有助于彼此的配合、协调，提高工作效率，同时也有利于培养诚挚、助人为乐的良好品质。具体应注意以下几点。

1. 坚持原则

在人际交往过程中，不应该拘泥于小节、计较小事和个人得失，但是遇到原则性问题则不能感情用事，如车上乘客有违法犯罪活动时，应该坚持原则，选择适当的方式阻止或报警，同不道德或违法犯罪行为作斗争。

2. 尊重他人

在服务工作中，要助人为乐，关心、支持和帮助别人，尊重他人的人格、权利，尊重他人的选择以及生活方式、志趣爱好，不伤害别人的自尊心。如遇到残障乘客时，不应该拿乘客的缺陷开玩笑，当他人遇到困难需要帮助的时候，应伸出友谊之手，热情相助。

3. 注意礼节

热情礼貌会使人感到亲切、自然，容易创造交流思想和情感的氛围，“您好”“需要帮忙吗”这样温暖的问候，会让乘客有宾至如归的感觉。但在交流时也不能过分热情，如打听乘客隐私等，否则会被误解为虚假甚至产生厌烦情绪。

4. 理解宽容

在运营中与乘客交流时，要善于理解乘客的情感、行为、需要及痛苦；要宽以待人，允许乘客与自己看法不一、做法不同。乘客选择路线后，如果自己觉得这不是最佳路线，可以给乘客建议，但乘客执意坚持的话，就应尊重乘客意愿。运营过程中不可贪乘客的小便宜，不能赚昧心钱，切不可为利益而丧失自己的人格。

5. 谦虚谨慎

在同乘客交往中，要谦让虚心、平易近人、一丝不苟、严谨细致，正确对待各方面的表扬和赞赏，正确对待乘客的批评和意见，时时处处对自己高标准、严要求，不断提高自己的精神境界。

的士故事

暖心灯照亮幸福路

小刘，22 岁，外地女孩，大学毕业后来到北京工作，在北京无亲无故。

一天，小刘加班到晚上 11 点后，碰巧打上了方师傅的车，车上方师傅的收音机里正在播放悬疑恐怖故事。小刘犹豫再三后说："师傅，能不能换个台啊，我一会儿下车后还要走一段路，我害怕。"方师傅笑道："没事儿，故事里都是假的，不用害怕。"说着，便把收音机换到了音乐频道。很快，出租车便行驶到目的地。进小区的路狭窄，车开不进去，而且没有路灯，小刘下车后，方师傅并没有马上开走，而是打开远光灯，将小刘前面的路照亮，直到她拐进楼群。后来，方师傅成了小刘的"御用"司机，再后来，小刘成了方师傅的新娘……

小贴士

出租车驾驶员常用服务语言

见到乘客时招呼："您好，请上车。"或"是您要用我的车吗?"

载客后询问："请问到哪里？愿意为您服务。"

送机场、长途车站问乘客："您的行李和机票是否带好?"

车辆迟到："对不起，请您原谅。"

对外地乘客关照："请您保管好行李。"

车辆起步关照："请坐稳，开车了。"

乘客呕吐主动招呼："您是否很不舒服，需要尽快停车休息吗?"

乘客找人："请您不要着急，我会尽力帮助您。"

乘客有难："我将尽力帮助您。"

开票收费："请您点清找钱，收好发票"，并致谢。

乘客对收费有意见："您有意见，可凭发票向我们公司或市管部门反映。"

遇到乘客馈赠："谢谢，我们不收小费和馈赠，让您满意是我们应该做到的。"

业务结束："注意别将您的东西遗留在车上。"

送客时："谢谢惠顾，欢迎再次乘车，再见!"

【提示与思考】

1. 出租车行业与其他行业有何不同?

2. 文明运营从哪些方面体现?

3. 出租车驾驶员应该处理的人际关系包括哪些方面?

4. 作为出租车驾驶员应该遵守的职业道德意识包括哪些内容?

5. 想一想,开车的“七大陋习”你是否也存在?

第二讲

文明服务收获尊严与快乐

文明礼仪，是一种律己、敬人的行为规范。礼仪是否周全，不仅体现一个人的修养和素质，还会直接影响到事业的发展。出租车是城市流动的文明窗口，出租车驾驶员必须学礼仪、知礼仪、懂礼仪、用礼仪，把乘客放在首位，以热情的语言和文明的举止，最大限度地满足乘客的服务需求，从而创造良好的社会效益和经济效益。

一、个人礼仪要谨记

出租车驾驶员要树立良好的形象意识，尽可能了解和掌握更多有关出租车运营的礼仪知识，既要讲究自己的仪容仪表，悦己悦人，也要用良好的车容车貌赢来赞誉。

（一）仪容仪表，悦己悦人

仪容仪表通常是指人的外观外貌，它与人的思想修养、道德品质和文明程度密切相关。在人际交往中，每个人的仪容仪表都会引起交往对象的特别关注，并影响到对方对自己的整体评价。出租车驾驶员的仪表仪容规范包括以下内容。

1. 讲究个人卫生，容貌端庄

（1）保持身体清洁。勤洗澡，防止身体异味，勤修指甲，男司机不留长指甲，女司机不涂抹色彩艳丽的指甲油。

（2）保持口腔清洁。勤刷牙，勤漱口，防止口腔异味，工作期间不食用葱、蒜等有异味的食物，不抽烟。

（3）勤换衣、袜。保持领口、袖口的清洁，不在车里脱鞋袜，及时清除衣服上的灰尘。

（4）发型整齐大方。男司机不留长发，女司机不披肩散发，头发不得掩盖眼部或脸部。

（5）保持脸部清洁。经常清洗耳朵和脖子，夏天及时抹去汗水，男司机不留胡须，女司机不浓妆艳抹。

2. 服饰打扮大方合体，合适合度

（1）服装庄重大方，款式简练协调，便于工作，不穿奇装异服。

（2）不得穿背心、短裤，更不能光膀子、赤足、穿拖鞋和高跟鞋，不漏扣、掉扣。

（3）服装合身，太大或太小都会影响形象，不利于工作，以衣袖长至手腕，裤长至脚面为好。

（4）佩戴好工号牌或标志牌，佩戴位置在左胸正上方，注意正面朝外。

（5）仪态端庄文雅，不披衣，不敞怀，不挽袖，不卷裤，衬衣下摆须扎于裤内。

（6）鞋面要干净，鞋和衣服要合理搭配，尽量穿皮鞋，并把皮鞋擦得干净光亮。

的士故事

小小大蒜竟黄了我的“大活”

姜师傅特别喜欢吃大蒜，平时吃饭若不吃几瓣儿蒜总觉得缺少了些什么。一天晚上，姜师傅吃饭时就了不少大蒜，但他还觉得不过瘾，出门时又随身带了几瓣儿。

在房山区长阳环岛附近，姜师傅一边候车，一边嚼着蒜。没过两分钟，一位穿戴时尚的乘客拉开了姜师傅的车门说：“师傅，麻烦去首都国际机场。”姜师傅顿时心中大喜：这是一个大活，今晚跑这一趟就差不多了。于是，爱聊天的姜师傅主动和乘客攀谈起来，可是奇怪的事情发生了，这位乘客就是不接茬，还用手捂住鼻子，更令姜师傅纳闷的是，车还没走两公里，乘客就要求停车，“大妹子，我好不容易拉上你，为啥啊？这个地方可不好打车啊！”“您车内的味儿太足了，我晕蒜！”姜师傅愕然，良久过后，他把没吃完的几瓣儿蒜扔进了路边的垃圾筒……

（二）文明热情，敬业乐业

出租车行业是个流动性很强的行业，驾驶员在工作中可以认识到不同的人，感受到不同的东西，如：文化人的内涵、工人的直率、农民的纯朴等。而要做到让乘客欣赏自己，则可以结合北京精神的内在要求，认真做到以下八点：

1. 热爱祖国

热爱自己的国家是一个人应该具备的最起码的品质，也是“北京精神”的核心。爱国不分职业，出租车驾驶员要常怀爱国之心，时刻维护祖国的尊严和荣誉。北京的出租车驾驶员接触外宾的机会比较多，在外宾面前，一定要表现得不卑不亢，不失国格人格；在国家大灾大难的时候应积极响应，无私奉献，表现出应有的爱国情怀。此外，北京出租车驾驶员是全国出了名的能侃，在工作中应守住底线，不能发布不爱国的言论。

2. 积极创新

“创新”是“北京精神”的精髓，即突破常规、推陈出新。服务没有止境，创新没有终点。出租车驾驶员应把运营当做事业来经营，而不只是当成职业来看待，要把创新思维运用到方方面面，创新服务手段、服务理念，让自己与众不同，从而在行业中脱颖而出。比如，为最大限度地满足不同顾客的需求，准备不同地域特色的戏曲音乐，就会让乘客找到在家的感觉。

3. 包容厚德

包容厚德是“北京精神”的特征，包容即宽容、容纳，厚德则指重日常道德修养，拥有博大的胸怀。出租车驾驶员要以宽容的心态和行动去对待与自己持不同观点和意见的乘客，甚至是乘客的冒犯与过错，而不是专挑剔乘客的缺点和不足。要以慈善胸怀，先学会做人，再学会运营，时刻把乘客当亲人。比如：乘客中有的小孩儿在车厢里乱扔废弃物，弄得车座上很乱很脏，孩子的母亲看后对孩子的行为严加批评。在这种情况下驾驶员就可以说："没关系，孩子很调皮，但也很可爱，有你这样的好母亲教育他，将来准是个文明高尚的人。"这种宽容既会让乘客快乐，也会让她产生感激之情。

4. 自尊自重

要想获得别人的尊重，首先要学会尊重自己。"三百六十行，行行出状元"，出租车行业是城市的名片，从事出租车行业是一项高尚光荣的工作，关系到千家万户的出行。出租车行业中既有知名漫画家、作家，也有全国劳动模范，因此不要看不起自己，要干一行、爱一行、精一行，在狭小的空间内做出不平凡的业绩，实现自己的人生价值。

5. 学会感恩

感恩是一种生活态度，是一种品德，有感恩心态的人才会仁慈善良。作为出租车驾驶员，要感恩所有的乘客，是他们带给了自己工作的机会。有了这种认识，日常工作中才会感恩乘客，很好地为乘客服务。

6. 知足常乐

常言道："知足者身贫而心富，贪得者身富而心贫。"知足并非不求进取，而是知道欣赏自己所拥有的。出租车驾驶员学会知足常乐，工作中就会感受到更多的快乐，如计价器上显示22元，乘客却只带了20元，怎么办？这时不如这样暗示自己，这趟生意少赚2元，总比没拉活强，想通了，就不会去花半个小时与乘客理论，耽搁了拉活的时间。一句“没关系，谁没有个为难之时”，既可以让乘客感受到温暖，展示了北京出租车驾驶员的风采，又可以让自己带着愉快的心情投入到接下来的工作中。

7. 恪守诚信

俗话说：“人无诚信不立，家无诚信不和，业无诚信不兴，国无诚信不宁”，足见诚信的重要性。出租车驾驶员应诚信对待每件事、每一位乘客，让出租车始终满载诚信之风上路，坚决做到不宰客、不绕道、不用假钞票，预约接客人不误时，捡到乘客的物品及时归还或上交。

8. 微笑服务

微笑是一种心态，是一种气质，更是一种修养、一种服务。我国自古以来就有“和气生财”“人无笑脸莫开店”的格言，可见古人早就深知微笑处世的作用了。出租车行业是城市服务的窗口，在国人面前代表着城市，在外国人面前代表着祖国，因此，出租汽车驾驶员要笑脸常开，让顾客如沐春风。拥有良好的服务形象，才能获得乘客的理解和帮助。

的士故事

他让“北京精神”在出租车上闪光

2012年2月的一天，傍晚六点多钟，一个女孩在国贸三期附近招手打车，一上车就说自己挺累的，要去五棵松。杨师傅当时帮她把副驾驶的座椅调低后，还开玩笑地说：“你赶紧眯一会儿，你要去的地儿我认识，保证不给你绕路。”可没过一会儿，女孩就开始喘粗气，脸色惨白。“一摸她的手，冰凉！”杨师傅赶紧告诉她：“哪儿也不着急去了，先上医院！”

可当时正值交通晚高峰，去最近的朝阳医院，也有4公里，一路上杨师傅急得顾不得公交专用道，有路就走“路上怕乘客昏迷，我边帮她掐虎口，边不停地和她说话。”在医院地下车库等电梯的时候，女孩已经站不住了，“我也顾不得男女有别了，一使劲儿，就把她抱起来了。”杨师傅后来回忆说。

直到晚上9点多，乘客的朋友才赶到医院。杨师傅不仅坚决不收对方送上的1000元感谢费，而且连车钱都没收，只是收下了挂号和检查的100多块钱。

后来，当事乘客说自己得的是“电解质紊乱导致低血钾症”。应该说，杨师傅的义举，对于这位女孩的生命来说，真是太关键了。

做了这么大的好事，杨师傅心里想的还只是“我希望这位乘客能帮我做个证，当时违章真是情非得已。”真是一位朴实憨厚的好人。在北京精神中，有“厚德”的内容。怎样才算厚德？杨师傅用行动让“北京精神”在出租车上闪光。

二、文明服务有讲究

（一）车容车貌蕴含素质

常言道：“人要衣装，佛要金装”，出租车的车容车貌犹如一道独特的风景线，是反映城市文明程度的流动窗口。出租车驾驶员应该像爱护和保养自己的眼睛一样对待车辆，必须做到出车前、行驶中、出车后的三检查和三保养，始终保持车容整洁、车况良好。

1. 车辆外观整洁完好

（1）保持车身使用标志色。经北京市出租汽车管理部门的批准，每个出租车公司的车辆车身都有自己的独特颜色，它是出租车公司独享的标志色，出租车驾驶员不得随意更换或涂改。

（2）车辆门窗完好清洁。车门、窗、锁等应开闭灵活自如，不能存在任何故障，车窗玻璃应明亮，无裂缝。

（3）车辆号牌完整清晰。车辆前后号牌要完整、清晰，不能被遮挡，不能变形，号码不能有涂改。

（4）车辆保险杠无破损、无斑痕。保险杠是容易有破损和生锈的地方，要及时清洗前后保险杠的污物并擦拭上面的锈斑。

（5）车灯完好干净。车灯是车辆的眼睛，车灯状况的好坏直接关系到行车安全。必须确保车灯正常启亮，灯罩完整，无破损。

2. 车辆环境卫生良好

（1）车身整洁。整洁的车身会给乘客留下良好的第一印象，脏、乱、差的车身必定会影响运营效果，必须保持车身无破损、无斑痕、无凹凸，也不做个性化装饰。

（2）车厢整洁。车内环境直接影响乘客心情，要确保车辆内顶和地板无破损、无杂物、无污垢。还要注意车辆内饰得体，未经批准不得张贴、悬挂任何宣传品，未经允许不乱张贴广告，要做到“车净人和”。

（3）车内空气良好。从一定程度上讲，车内是乘客休息放松的场所。为给乘客创造良好的休息环境，禁止在车内吸烟，或者存放有异味的食品，保证车内空气清新、无异味。

（4）合理摆放物品。车内是流动的空间，而不是出租车驾驶员的私人生活空间。车辆运营必需品应摆放有序，不得在驾驶员位置以外区域放置驾驶员随用物品。

（5）坐垫座套干净整洁。要及时清理坐垫座套上面的污迹和脏物，确保其干净、平整、无破损。

（6）合理利用后备箱。乘客往后备厢放东西时，如果看到其太脏、太乱，则直接影响乘客对服务的评价。应确保后备箱无积尘、无污垢，物品摆放整齐。

3. 车辆运营标志鲜明

（1）电子标签张贴规范。电子标签能起到有效甄别“克隆”出租车的作用，要把电子标签粘贴于车辆前风挡玻璃右上角。

（2）企业标志统一规范。必须在车辆双侧前门体中央偏上部位，统一喷涂经交通行政主管部门同意的企业标志，不得自行更改，并确保标志清晰、规范。

（3）顶灯洁净无破损。不能更换车顶前端正中部位安装的交通行政主管部门监制的统一制式顶灯，要确保顶灯洁净无破损、不褪色、字迹清晰、夜间明亮，顶灯支架采取双臂夹扣的方式固定。

（4）计价器完好。计价器关系到乘客的切身利益，也是运营的有效凭证。计价器铅封及合格证应完好无损，显示屏无遮挡，还要确保空车标志灯与计价器联动，语音提示及待租显示功能完好。

（5）亮证服务。应按规定放置服务卡，服务资格证摆放在副驾驶正前方，信息清楚齐全，固定于副驾驶正前方的仪表台上，面向乘客，以便乘客监督。

4. 车辆附属设施齐全

（1）GPS 安全防控设备完好。安全防控设备是事关出租车驾驶员安全的“技防”的主要设备之一，要经常检修，不得随意调整报警显示屏位置及遮挡显示屏。

（2）安全带卫生洁净。车辆安全是驾驶员和乘客的生命线，除了保证无破损和卫生洁净外，还要确保锁止有效。

（3）空调功能完好。车辆空调设施直接影响乘客的舒适度，要及时检修。夏天和冬天要及时甚至提前开好，并根据不同年龄的乘客调好温度。

（4）灭火器完好、有效。为以防万一，车辆必须配备消防器材，并及时检修，还要学会正确的使用方法。

的士故事

“像打扮自己一样打扮爱车”

小张和小顾是发小，最大的区别是，小张花钱大手大脚，尤其爱打扮自己，甚至有些洁癖，小顾则精明细致，从不乱花钱，能省则省，甚至有点不修边幅。

2011 年，哥儿俩一块当起了出租车驾驶员。小张特爱打扮爱车，每天至少洗车一次，遇到刮风下雪等特殊天气清洗的更多，小顾则坚持自备工具自己随便洗洗，从来没有花钱洗过车，车容车貌自然好不到哪里去。一个星期下来，哥儿俩见面一聊，小顾才知道小张的收入是自己的三倍多，于是大惑不解：论技术、服务都不在对方之下，那原因出在哪呢？小张非常了解小顾，直言是因为他不舍得花钱洗车，车脏吓退了乘客，并告诫他说“要像打扮自己一样打扮爱车，让车容车貌成为挣钱的工具”。后来，小顾按照小张的建议，每天至少花钱洗车一次。事后第五天，小张接到小顾的电话“兄弟，我请你吃饭！”“不会是太阳从西边出来了吧，铁公鸡拔毛了，为啥？”“幸亏有你指点，现在我每天的收入是以前的两倍！”

（二）文明驾驶显素质

文明驾驶是一种自觉、一种尊重、一种美德。有时文明驾驶在驾驶员未踏进汽车就已经开始了。运营过程中，要正确使用车语，牢记文明行车。

1. 正确使用车语

车语是加强出租车驾驶员之间沟通、文明行车的有效手段。了解常用的车语，无论是给他人还是自己都会带来更多的方便，还能彰显驾驶员的文明素质。当然驾驶员不要自创车语，也尽量不要使用没有公认的车语，否则会带来麻烦和误会。

（1）变线时使用转向灯。准备变线时要先打转向灯，同时看后视镜确认，观察没情况后再快速变线，不能不使用转向灯就变线，否则容易酿成事故。

（2）夜间用好远光灯。在前方车辆较近或遇会车时应切换成近光灯，这同时也是提醒对方切换近光灯。夜间近距离使用远光灯是非常不文明的行为，容易让对方“头晕眼花”，酿成事故，所以不少驾驶员都说“不怕晚上开车困，就怕大灯照花眼”。

（3）巧用刹车灯。在高速路上，后车距离自己太近时，可轻踩刹车提示后车远点。

（4）及时开启前照灯、示廓灯和后位灯。在夜间没有路灯、照明不良或者遇有雾、雨、雪、沙尘、冰雹等低能见度情况下，同方向行驶的后车和前车近距离行驶时，不得使用远光灯，应当开启雾灯和危险报警闪光灯，不能用小灯代替。

（5）巧妙交替使用远近光灯。在夜间通过急弯、坡路、拱桥、人行横道或者没有交通信号灯控制的路口时，应当交替使用远近光灯示意。

2. 牢记行车礼仪

如果说遵章守法是驾驶员的基本行为准则，那文明行车就是驾驶员的基本行为道德，出租车驾驶员既应做遵章守法的模范，又应做道德、谦虚、谨慎的文明人，要时刻牢记行车礼仪：

（1）照顾新手。常言道，有理让无理，高手让新手，师傅让徒弟。出租车驾驶员应学用换位思考，主动照顾新手，不欺负新手，尽量不给新手鸣笛施压，不敦促其加速或变线。

（2）礼让非机动车和行人。要牢记行人优先的原则，主动给非机动车和行人让道或给予其他方便，停车时不影响其他车辆和行人的通行。在下雨天时，要减速行驶，防止把水溅到行人身上。

（3）文明礼让机动车。出租车驾驶员要做到礼让三先：先让、先慢、先停；坚持“宁停三分，不抢一秒”，并线柔和，不猛拐，不来回穿梭、别车等，交会车时，不开霸王车。

（4）不得随意鸣笛。除在有禁鸣标志的路段不得鸣笛外，在居住区、文教区、办公区及公园等区域也不得随意鸣笛。

（5）不做与开车无关的事情。在车辆行驶过程中，不能抽烟、吃东西、接打手机，不能单手操作，不用对讲机。不向车外吐痰、乱扔杂物。

（6）充分尊重乘客。不拒载、故意绕道、中途抛客，未经乘客同意不得拼载，优先照顾老、弱、病、残、孕等特殊乘客，主动询问乘客是否需要发票，当乘客态度不好时，不开赌气车。

（7）按规定排队载客。在机场、车站等设有出租车驾驶员停靠站点的，出租车驾驶员应服从现场管理人员指挥调度，不能以不正当手段招揽乘客。

的士故事

积水"溅"跑了我的心爱女友

听说马上就要见心爱女友的父母了，出租车驾驶员小张的心情既紧张又兴奋。那天，小张好好地打扮了一番，并开着出租车出了门。因为心情不错，小张车开得比较快。可那天刚下完大雨，路上积水很多。快到女友家时，由于小张不小心，出租车溅起了一潭水，路边买菜回来的王大妈被弄了一身脏水，可小张并未停车道歉，若无其事地开车走了。王大妈是个有心人，立刻就记住了小张的出租车号码。

当王大妈回到家时，发现门口停的出租车就是溅了自己一身脏水的车。于是立刻下了"逐客令"，坚决不同意女儿和小张继续好下去。再后来，小张和女友分了手。

得知真正原因后的小张后悔不已，从此，小张开车格外注意避让行人。

（三）言语规范愉悦沟通

语言是人与人沟通的桥梁。语言沟通是一门大学问，在运营过程中，出租车驾驶员应掌握并灵活应用语言沟通的技巧。

1. 认真倾听，礼貌回应

（1）除车在行驶中外，出租车驾驶员都应面带微笑，用友好的目光与乘客交流。

（2）无条件地倾听，当乘客说话的语气不太好时，也应耐心、友善地倾听，随时观察并询问对方的需求。

（3）充分尊重乘客的意见，在表情和举止上不能流露出

反感、藐视之意，不宜直接提出否定的意见，可婉转地表达自己的看法。

（4）根据乘客的话语适当作些反映，可边微笑边点头听，也可回应“是呀”“好的”等，表明自己在用心听。

2. 语气真诚，语调合适

（1）语气要平和友好，再急再累也要注意语气，且不可生硬粗鲁，不能让乘客觉得你不耐烦，从而产生误解和不适。

（2）根据不同对象、实际情况及时调整语速，如：对老年人说话放慢速度，而对于性急的人不要慢条斯理地说话。

（3）控制好语调与节奏。尽量用明快、爽朗的语调，使乘客感受到你的友好态度，尖锐利耳的声音则会使人产生不耐烦的情绪；有气无力地说话，会给人一种精神不振的感觉。

3. 用好“十字”礼貌用语

（1）说好“您好”。见到乘客应主动说“您好”；当乘客先打招呼时，应立即回敬“您好”，同时伴以微笑和点头。为避免单调或重复，可根据不同的时间灵活使用，如“早上好”“晚上好”等；还可加上称呼语，更显尊重，如“先生，您好”。

（2）说好“请”。“请”可单独使用，也可与其他词搭配使用：表示对他人的关切，如“请别忘了您的东西”；要求别人不要做某件事，如“请不要在车上吸烟”；希望得到别人的谅解，如“请理解我们的难处”等。

（3）说好“谢谢”。说“谢谢”时要面带微笑，如乘客向我们提出意见、建议或对服务工作表示称赞时，应及时向对方说“谢谢”。可根据实际情况灵活变化，如“谢谢您的夸奖”；或在“谢谢”后加上对方的身份、性别等表示尊重，如：“谢谢小朋友”；听到致谢后要及时回敬“不必客气”或以微笑回应。

（4）说好“对不起”。言行举止不当或者服务不周希望得到乘客谅解时，应使用“对不起”以取得乘客的原谅，如：“对不起，让您久等了”“对不起，这是我的疏忽”；在乘客提出违反规章制度的要求时，可以说“对不起，这样走是违反交规的”；如需要打扰乘客时，可以说“对不起，我先插一句话”等。

（5）说好“再见”。说“再见”时要掌握以下几点：面带微笑，亲切自然；声音不要太大或故意放慢；适当借助手势来表达；根据不同情况的需要用相关的道别语，如“祝您一路平安”等。

的士故事

驾驶员中的语言大师

一天，在八宝山附近，一位身上有多处文身的男子叼着烟坐进了刘师傅的车。“您好，去哪里?”“火葬场!”男子恶狠狠地回答。刘师傅问清哪个火葬场后，一边发动车子，一边提醒道：“先生，抱歉，我们车队都是无烟车。”“就抽了，怎么样?”男子依旧恶狠狠地回答，刘师傅没说话，只是默默地摇下玻璃窗。

一路上，男子总是不停地抽烟。刘师傅实在看不下去了，说道“朋友，茫茫人海能遇到不容易。这车里也没别人，有什么事情可以跟我说说。男人嘛，总把事情憋心里不好。要是不能，你骂我两句出出气，没关系的。”男子用奇怪的眼神看了刘师傅一眼，什么话也没说，继续抽烟。不一会儿男子用力将烟盒一揉扔出窗外——烟全抽完了。这时，刘师傅从口袋里掏出自己的烟递过去，男子的眼圈立刻就红了。原来，他是去参加父亲的葬礼，可是因为打架他被刑拘过四年，家里人瞧不起他，和他断了联系。即使父亲去世这样的大事，也没有人告诉他。他要去和他们“理论理论”。

刘师傅十分冷静地分析道：“老人去世，是他这一世的事情完成了，年轻人不要太悲伤……今天你进去，硬朗地给父亲磕个头，出来，你是男人。你要是跟他们争打起来，出了事情，你老婆孩子怎么办? 只要你们过得好，以后别人自然瞧得起。今天生意不做了，我陪你去!”“呜呜……”男子哭了起来，“你就是我大哥、亲哥”。停车后，刘师傅特意掏钱买了个花圈，“哥儿俩”一边一个抬着进去了……

（四）远离禁忌无尴尬

出租车是社交场所，不分场合、不懂礼仪、毫无禁忌、信口开河，会使乘客感到尴尬，让生意泡汤，甚至导致双方产生冲突。在运营过程中，出租车驾驶员要注意以下禁忌：

1. 交流过程有禁忌

（1）忌不接话。如果乘客主动说话，这时出租车驾驶员要主动接话，不至于冷场或让对方觉得很清高，避免陷入尴尬境地。

（2）忌连续问过多问题。如果一口气问乘客太多问题，会让对方感觉是在被“审问”，很被动。此外，在交流时不要总是问问题，也可陈述一下自己的看法或者选择倾听。

（3）忌随意打断乘客说话。任何人都希望自己在说话的时候，能够得到大家的注意和认同。所以，不要贸然打断乘客说话，先让对方说完。

（4）忌争论对错。避免在谈话内容的对错、好坏上争论，记住只是萍水相逢，不要过分较真儿。

2. 交流内容有禁忌

（1）忌语言不文明。和乘客交流时忌讳语言粗俗、带脏字，庸俗、低俗、媚俗都不好，不要将不文明的语言作为口头禅，不谈论不文明的话题。

（2）忌问个人隐私。乘客与司机通常都是第一次接触，双方都比较陌生。过问乘客隐私难免会出现尴尬，比如：您老公在哪儿高就？答：离婚了；您孩子多大了？答：哎，因身体原因，我生不了孩子。

(3) 忌触及缺陷。交流时应避免涉及乘客的残疾、生理缺陷等方面，以免引起其伤感及不愉快，比如：你的腿好像有残疾是吗？你体重过200斤了吧，等等。

(4) 忌背后议论别人。应杜绝向乘客谩骂公司领导、同事或传播小道消息，因为在议论别人的同时，也反映了自己的人品。

(5) 忌出言不逊。交流时态度要温柔、和蔼可亲，忌出言不逊、狂妄自大、好为人师，这样会让乘客反感，甚至受到伤害。

3. 风俗习惯有禁忌

(1) 忌不顾及语境。所处环境不同，说话时的内容也应该有所不同。送乘客乘飞机时，说“祝您一路平安”要比“祝您一路顺风”好，因为顺风时飞机的飞行和降落难度更大。

（2）注意称谓禁忌。由于东西方文化、心理因素的不同，人们对年龄的概念及表达的方式有差异。在中国，“老”字常带敬意，是资历和地位的象征，因此汉语中有“老师”“老师傅”等。而在西方国家，人们却忌讳“老”字，所以称呼外籍乘客不要带“老”字。

（3）忌讨论疾病。每个人都希望自己健健康康，对于疾病的话题一般都不愿意提及，因此在与乘客交流，特别是与生病或有智力缺陷的乘客交流时，尽量不要涉及有关疾病的话题。

小贴士

优质服务有“十点”

微笑露一点，说话轻一点；
脾气小一点，做事细一点；
理由少一点，脑筋活一点；
效率高一点，行动快一点；
嘴巴甜一点，肚量大一点。

的士故事

用对讲机谈私生活让乘客感尴尬

一天晚上，一位女乘客上了一辆出租车，自上车后，驾驶员就用对讲机和同事聊天。刚开始，乘客并没有在意，可过了一会儿，驾驶员仍与其他驾驶员谈论有关私生活的话题，从黄色段子到脏话，让她十分尴尬。她犹豫再三后还是给驾驶员提了意见："师傅，请别聊天好不好，一是怕不安全；二是你聊的内容是不是不合适？"没想到对方竟这样回答："我聊天关你什么事，只要安全送你到目的地就行了，再说了你又不是小孩，那点事也不是没有经历过。"女乘客顿时气不打一处来，立刻下了车。

（五）远离投诉需细心

出租车驾驶员在工作中有时会遇到乘客投诉的情况，乘客投诉的原因主要有以下两个方面：一是驾驶员服务意识淡薄、服务技能欠缺、道德品质不良；二是乘客自身欠缺道路运营知识，如不熟悉出租车计费方法，怀疑多收费，或是因不懂交通法规而投诉。要远离投诉，出租车驾驶员在工作中应该坚持"三心"服务：细心、贴心、用心。

1. 避免因"拒载"引起投诉

在节假日、雨雪天、上下班等客流高峰期间，所谓短趟起步价不去、交接班回家不顺路不去、路况较差易堵车不去、装载行李嫌麻烦不去等"四不去"的拒载现象尤为严重，为了方便乘客，避免因误解被投诉，出租车驾驶员应该做到如下几点：

（1）坚持让乘客先上车后问路。载客服务规范要求驾驶员在乘客招租时，先请乘客上车，再询问目的地，不计较路程远近，不挑肥拣瘦，不讲条件地提供服务。如果问了路又不让乘客上车，更有甚者将上车的乘客赶下去，或者行驶中途弃客，违反了职业道德，构成拒载事实，就要承担相应的责任。

（2）及时亮置"暂停服务"牌。驾驶员因要加油、修车、下班交车、家有急事等原因不打算继续运营时应及时亮置“暂停服务”牌。

2. 避免因“被绕道”引起投诉

在行驶过程中，乘客都希望花最少的钱，以最短的路程到达目的地，当发现路程绕远后，就会投诉。其实，出租车驾驶员有时绕道而行，是为了给乘客节省时间，以更快地到达目的地。这个过程中，要及时和乘客沟通，以得到乘客的理解和认可，而不是自作主张地确定路线。

为避免因绕道被投诉，出租车驾驶员应注意以下四点：

（1）优选经济合理线路，征求乘客意见。当有多条线路到达目的地时，乘客可能认可你选的线路，也可能不认可，如果不认可，就按乘客指定的路线走，以免“好心办坏事”。

（2）变更原定行驶线路，要征得乘客同意。因道路堵塞需要变更路线时，切记事先说明原因及变更的途径，防止本想节省时间，却引起乘客误会。

（3）委婉解释不能违章。遇单行道、禁行禁停路段，乘客要求违章转弯、调头、逆行、停车时，要耐心向其讲明道理。如乘客仍然不同意，也不要用“你只管去投诉”这样的忌语去刺激，可以委婉地说，“如果我听您的，我这一天就白跑了，我想您也不忍心这样，请您理解！”

（4）及时问路。当自己和乘客都不清楚目的地位置时，应向公司、同行或交警等询问准确。不可想当然地盲目引路，更不得用错误信息误导乘客。如去全聚德烤鸭店时，因市各区都开有分店，所以去前应搞清是哪个区的分店，以免因无意走错路、走弯路被投诉。

3. 避免因“多收费”引起投诉

有关多收费的投诉，一般发生于乘客不知道出租费计价办法、怀疑计价器跳得太快，驾驶员未“有零找零，无零让零”，以及到达目的地时出现所谓“最后一跳”等情况。

避免因多收费而被投诉要注意以下几点：

（1）耐心跟乘客解释出租费计价办法。遇到这种情况时，应向乘客耐心解释，比如：计价器计费由按里程和按等候时间计费两种方式组成，夜间运营行驶按里程和燃油费计算等，并出示物价局票价表。

（2）执行“找零让零，无零让零”的行规。找零钱是驾驶员的责任，驾驶员应按有零找零的行规给乘客找零。驾驶员不愿意让零时，就应事先准备好零钱，没有零钱找，驾驶员就应承担让零的义务。

（3）到达目的地时，先停表再停车。当乘客说到站了，车辆又能在交通法规准许地段靠边停车时，驾驶员不妨先停表再停车。至于乘客在交通法规不准停车的地段要求下车，驾驶员可婉言拒绝：“不好意思，这里不让停车，否则要记我违章并罚钱。”不能停车的地方不停表固然没错，但若大度一点，早点停表，让点小利，也可省去麻烦。

4. 避免因“态度差”引起投诉

很多投诉并未涉及物质利益的损失，也不属于明显的违规违纪，仅仅因为驾驶员的解释生硬，语言不当及态度冷漠而引起纠纷，导致投诉。

避免因态度差而引起投诉，可以从以下几点做起：

（1）学会换位思考。要在乘客的角度上，心态平和地对待乘客的不同需求。面对乘客提出的合情不合理、合理不合法的要求，要以诚感人，委婉说服；遇到脾气暴躁、指手画脚的乘客，尽量礼让。想想乘客给自己带来收入，自己理应尽心尽力周到服务，从而化干戈为玉帛。

（2）讲好四句话。在乘客上车、付车费及下车时，坚持讲好“您好”“谢谢”“请您带好随身物品”和“再见”四句话，据相关部门抽样调查显示，被投诉的驾驶员大都很少讲这“四句话”。其实讲好“四句话”不花钱，少费力，换来的却是褒扬和矛盾纠纷的减少，何乐而不为呢。

（3）提供细心周到的服务。避免投诉的根本是把乘客当亲人，提供体贴周到的服务。比如根据天气和顾客年龄调整空调的温度、为乘客搬运行李等。

的士故事

5 元钱一站地，这个活我一直在拉！

出租车驾驶员朱师傅通常下午 5 点半交车。这天，他看看表已经 5 点一刻了，便把“暂停载客”的牌子竖了起来。正值周末，101 中学门口拥出大批的寄宿生。朱师傅习惯性地把车停了下来，因为他不久前去世的女儿就在这儿上学。

“叔叔，我，我想坐您的车。”一个跛脚女孩儿背着书包走了过来，急急地说。

朱师傅说得交车了，他只是停下来歇一会儿。女孩儿恳切地说：“谢谢您了，叔叔，我只坐一站地的距离，我去坐地铁四号线。”

那一声“谢谢”让朱师傅动了心。他看看女孩儿身上洗得发白的校服，一个旧得不能再旧的书包，忍不住叹了口气，说：“上车吧。”

女孩儿高兴地上了车。走到转弯处，她突然嗫嚅着说：“叔叔，我只有5块钱，所以，半站地也可以。”

朱师傅从后视镜里看到女孩儿通红的脸，没说话，起步价可是10块啊。

开到最近的地铁口附近。朱师傅把车停了下来。女孩儿在关上车门时高兴地说：“真是谢谢您了，师傅！”

朱师傅看着她一瘸一拐地往前走，突然有些心酸。

也就是从那个周末起，一次，两次，三次，渐渐地，朱师傅养成了习惯，周末无论跑出多远，都会在101中学校门口等那个女孩，交车前拉的最后一个人一定是那个女孩，还是5块钱，还是一站地的距离……

小贴士

车辆要带的小东西

方便自己类：腊掸子、拖绳、紧急情况警告标志（三角牌子）、城市地图、两块硬质泡沫（遇到需要垫车轮时可用）、一段细铁丝（前机盖上的支杆锁口坏时，有用）、轮胎气门嘴帽、胎压表，绝缘胶布、警用手电、手机耳机。

方便顾客类：塑料袋（装垃圾）、一段绳子（系行李用）、雨具、风油精、清凉油、水壶、常见药品等。

【提示与思考】

1. 你是否赞成“不学礼无以立，事无礼则不成”这句话？
2. 你打算怎样努力成为出租车驾驶员中的语言大师？
3. 你认为在工作过程中应怎样避免被投诉？
4. 你认为该如何做一个受顾客欣赏的驾驶员？

第三讲

遵规守章安全运营

一、安全行车关联多

汽车的大量增加，使城市被与日俱增的交通事故困扰，由此产生的直接、间接经济损失令人触目惊心。出租汽车每天在城市运行的时间、频率远远高于其他类型汽车，其安全运行，关系着你、我、他，关系着驾驶员、乘客及其家庭以及整个社会。安全运行是提高出租汽车行业经济效益的重要因素，也是乘客的最基本要求。

（一）关注影响安全行车的因素

出租车驾驶员要做到安全行车，必须了解和把握人、车、路和环境这四个方面。人、车、路和环境是构成行车安全的四个要素。行车过程中发生事故的原因很多，但归纳起来不外乎外因和内因。外因有车辆状况、道路条件和交通环境等；内因则是驾驶员法制观念、安全意识、驾驶技术、行车经验以及心理素质和生理素质，等等。影响行车安全的一切客观因素，只有通过驾驶员的主观活动才能起作用。因此，我们在分析影响行车安全的外因的同时，一定要重视影响行车安全的内因，以预防和减少行车事故的发生。

1. 客观因素

客观因素指由于道路、环境等因素造成的事故。据资料分析，此种因素造成的事故比例为30%左右。

（1）车辆因素。

车辆性能是安全行车的关键，汽车的性能状态是随着使用和保养情况的变化而发生变化的。一旦性能状况变差，会使汽车的操纵性和稳定性变差，使用性能下降，从而危及行驶安全。车辆漏油、漏水、漏气等故障，刮水器损坏，缺少后视镜等都会直接或间接导致事故发生。此外，转向系统、车轮、灯光、喇叭、仪表等部件的状态是否良好，都会影响车辆的安全行驶。

（2）道路状况。

道路设计不良，路面过于狭窄，道路施工质量不高，路面强度、平整度、抗滑性能达不到规定标准，都不利于安全行车。此外，道路缺少指示、警示、禁令等标志也会造成行车事故。

（3）气候变化。

季节和气候的变化，刮风下雨、大雾迷漫、烈日炎炎、下雪结冰等恶劣天气条件，往往会使汽车的使用性能产生变化，驾驶员和行人的视线会受到影响，加之道路状况严重恶化，致使安全行车受到影响。

（4）交通环境。

交通环境是规定和限定人们交通行动的各种外界条件，如果道路交通无序或紊乱，或者驾驶员随心所欲驾驶，肯定会增大出事故的可能性。

（5）行人因素。

由于我国绝大部分道路是混合交通，在同一条道路上，行人、非机动车、机动车同行，稍有麻痹随时可能造成行车事故。不同年龄、不同地区、不同身体健康状况的人对道路环境的反应也不同，如老人动作迟缓、儿童遇车容易惊慌等。

2. 主观因素

主观因素即驾驶员本身所存在的因素，是直接导致行车事故的主要因素。据大量行车事故资料表明，由于驾驶员本身因素导致的事故约占70%左右，它是直接导致行车事故的内在因素。

（1）法制观念。

法制观念是指人们重视、遵守和自觉执行法律的思想意识。在行车过程中，是指驾驶员重视、遵守和自觉执行交通法规和行车安全规定的思想意识。驾驶员常常因为法制观念淡薄，或缺乏法制观念，不重视、不遵守和不严格执行交通法规等行车安全规定，严重违反交通法规，如酒后驾车、违章驾车、超速行驶、违章装载等，从而造成事故的发生。

（2）安全意识。

交通法规明文规定，不许驾驶员在驾驶过程中使用手机。原因是这会分散驾驶员的注意力，增加安全隐患。驾驶时接打电话，这虽属轻微交通违法行为，但危害极大。现在交通路况瞬息万变，更加趋于复杂，这就对驾驶员的驾驶技术、注意力、观察力提出了更高的要求。

小贴士

开车吃东西同样会危及人身安全

边开车边吃东西非常危险。首先，对人的身体健康极为不利。人边开车边吃东西时，由于匆忙，常常是狼吞虎咽，特别不利于消化。长此以往会得胃病。其次，有安全隐患。边开车边吃东西对行车安全非常有害。因为驾驶员开车不专心，往往容易引发交通事故。开车吃东西如果仅仅是为了节省时间实在是得不偿失。

（3）心理素质。

心理素质可概括为性格、气质、意志、情感和注意力五个方面。对驾驶员来说，主要表现在意志、情感和注意力上。

意志对驾驶员排除干扰，选择和保持注意方向，克服不良欲望常常起支配作用。情感主要受情绪的影响，情绪影响着驾驶员的大脑，当情绪激动时，往往会意气用事，冲动蛮干，不计后果；当情绪低落时，则精神不振，注意力涣散。情绪的不稳定，不仅影响驾驶员的身心健康，更严重的是对行车安全危害很大。驾驶员情绪受气候、环境影响较大，如身体状况不佳、气候反常、车内通风不良、道路条件差、饮食不适、服药不当或驾车时间过长，都会造成情绪疲劳，注意力下降，从而导致驾驶员操作失常，增加了事故发生的可能性。

（4）驾驶技术和行车经验。

驾驶技术是指驾驶员操纵车辆安全行驶的技能。如驾驶员平时不注意学习和提高自己的驾驶技术，在遇到复杂交通环境和突变情况发生时，就不知如何操作而导致事故的发生。

行车经验是指驾驶员在行车实践中得来的知识或技能。行车经验少，一是因为开车时间较短，二是因为时间虽长，但不注重学习提高与积累他人和自己正反两方面的经验与教训，遇事心中无底，缺乏应变能力。

驾驶员必须认识到，影响行车安全的一切客观条件，只有通过本身的主观活动才能发挥作用。因而要努力提高对安全行车的认识，防止各种重大行车事故的发生，保质保量地完成营运任务。

（二）安全行车规范

1. 做到“一树、二严、三勤、四慢、五知、六不、七禁、八防”

（1）一树：树立安全第一，预防为主的思想。

（2）二严：严格遵章守纪，严守操作规程。

（3）三勤：勤清洁车辆，勤检查车辆，勤保养车辆。

（4）四慢：情况不好慢，视线不良慢，起步停车慢，通过交通岔道口、危险地段及繁华地段慢。

（5）五知：知车辆技术状况，知道路情况，知气象变化，知行人车辆动态特点，知乘载规定。

（6）六不：不开英雄车，不开霸道车，不开赌气车，不开带病车，不开急躁车，不开麻痹车。

（7）七禁：禁止酒后开车，禁止吸烟开车，禁止开车饮食谈笑，禁止违章超载，禁止争道抢行，禁止超速行驶，禁止疲劳开车。

（8）八防：让车防里挡，会车防车后，跟车防急刹，超车防车前，路口防突然，车站防横窜，巷口防小孩，下雨防横滑。

2. 坚持行车“三检制”

（1）出车前检查：检查车辆，确保外观、轮胎、气压、燃料、发动机机油、水（防冻液）质量、数量均应符合标准，无渗漏现象，灯光正常；警报（喇叭）、方向、刹车系统可靠有效。

（2）行车中要正确操作，临时停车检查，除了出车前的各项检查外，还要确保仪表工作、显示正常，各部机件运转平稳可靠，无异响。

（3）收车后检查：对车辆进行清洗保养，检查各部位有无松动、渗漏现象，发现故障及时排除，使车容整洁、车况良好。按时对车辆进行各级保养，使车辆保持良好性能状况。

3. 安全操作按规程

（1）发动机未熄火前，不得添加燃料；严禁采取不经过汽油泵和滤清器而直接将汽油注入或流入化油泵的操作。

（2）严禁使用高压线吊火的做法；拆卸机件，不得使用不合适的工具；卸轮胎时，应做到支撑稳固，采取有效措施防止滑动。

（3）仪表显示异常，有危险性异响，应迅速停车，查明原因，排除故障后方可行车；行车时应关好车门，让乘客坐稳。行驶中应尽可能避免急制动、急转弯、急加速。

（4）车辆停靠或乘客上下车应在规定的路段、站点，并尽量靠边；乘客下车时，应提醒其观察车后是否有行人、车辆，并尽量从右门下车。

小贴士

安全行车口诀

疲劳不开车，开车别心烦；
抢红不抢绿，早变晚不变；
左转先看右，转弯勤、松、缓；
上下坡同挡，冲坡三千转；
涉水挂低挡，沙地快速窜。

二、事故防范需谨慎

（一）防火

1. 出租车失火的隐患

防止出租车着火，必须坚持预防为主、扑救为辅的原则，关键是要从源头抓起，消除隐患，机动车着火隐患往往来自以下几个方面：

（1）忽视日常检查。

忽视日常检查是导致出租车失火的主要原因之一。油路、电路的检查对车辆安全来说至关重要。在日常行车过程中，要经常检查燃油有无渗漏，电路接头是否松动等。

（2）易燃液态物质。

汽油、柴油以及部分防冻液，都是易燃烧的液态物质。出租车的燃料和润滑油以及防冻液的着火，常常引起车辆车身的可燃物质，如轮胎、油漆、油封及车辆坐垫靠背的燃烧，从而造成火灾。

（3）具有火焰或火苗的“明火”。

明火是容易引起车辆失火的火源，而对没有火焰和火苗的“暗火”，也不能掉以轻心，如乘客丢在车内的烟蒂。此外，因电路搭铁短路产生焦糊，油路渗漏加之发动机高温，都有可能引起着火。

做好机动车的日常检查，防止电器、线路故障或接触不良，以及漏油、漏气等现象的发生，是从根本上防止出租车发生火灾最简单有效的手段。如果不具备一定的电器和油路常识，应根据车况定期到修理厂进行检修。此外，对胶皮煳味或冒烟等异常现象更不能大意。

（4）违章操作。

由于现在的新司机较多，大都不懂机械常识，由车辆违章操作引发的火灾有所抬头，特别是外地驾驶员和临时聘用的驾驶员只顾多拉快跑、多赚钱，对车辆的小毛病不及时维修，甚至违章操作。行车过程中一旦出现故障应尽量靠边停车，若不能有效解决，应等待专业救援，切忌自己违章操作。

（5）载放危险品。

容易导致出租车着火的危险品除了烟花、爆竹、煤气罐等外，还包括我们日常生活中的打火机、香水、摩丝等，如将这些物品放在车内容易被太阳暴晒的部位，也具有一定的火灾危险性。因此，在锁车的同时应检视车厢内，不要把上述危险物品遗留在车上。

（6）缺少灭火器具。

一些出租车驾驶员没有按规定配备灭火器或配备了也不定期更换，甚至一些驾驶员配置了灭火器却不知如何使用，这些都为火灾的乘虚而入留下了机会。每位出租车驾驶员都应熟练掌握灭火器的使用方法，以免发生意外时束手无策。

2. 预防出租车失火的措施

防止出租车失火事故，必须坚持预防为主、扑救为辅的原则，要精心检查，全面排查，注重细节，不留死角，注意做到以下要点：

（1）禁止用短路法点火试验。

在周围有汽油或者蓄电池充电期间检查充电池电能时，禁止用短路法点火试验。

（2）禁用明火照明。

在夜间观察存油量、加油或者抽油时，必须用手电筒照明而绝不能用打火机。在车祸现场或者在黑暗中突然停车时，要严禁使用明火照明，防止点燃泄漏的燃油。

（3）发觉焦煳异味或烟雾时停车检查。

在运行中，当发觉车厢中有焦煳异味或烟雾时，则立即停车检查。

（4）及时提醒乘客不在车内吸烟。

除了在车内贴上“车内禁止吸烟”的醒目标志外，还要在载客时及时提醒乘客不要在车内吸烟。

（5）切忌乱接保险丝。

如果保险丝在出租车运行过程中被烧断，应仔细查找原因，切不可加大熔断丝规格或用其他金属丝代替。

（6）配置专门的灭火器。

按规定配备灭火器，而且要不定期更换，并熟练掌握灭火器的正确使用方法；如果没有配备的话，可用沙子来替代，切不可用水灭火。

（7）经常全面检验出租车。

最好到维修站或修理厂进行车身全面检查，检验出租车是否短路、漏油、线路老化等。定期到修理厂对发动机舱做除污处理，以保证发动机舱内洁净。

（8）禁带易燃物品。

禁止在车内存放易燃物品，如打火机、带酒精的喷雾剂等，因为如果天气热，气温高，它们在阳光下暴晒到一定温度后，极容易引发整个车辆火灾。像放大镜之类可以聚光聚热的物品，不要放在阳光可以照到的车窗附近，应避光存放于车内。

（9）夏天将车停在阴凉处。

高温天气时，无树荫的道路温度较高，轮胎很容易因受热过高而自燃。

（10）及时给车辆“降温”。

跑远路时，应注意及时给车辆“降温”，避免因车胎和发动机过热而引发火灾。

3. 出租车着火的扑救方法

出租车失火后，最重要的是保证生命安全，同时驾驶员要尽快报警，并应尽量利用车载灭火器或其他灭火条件作初期扑救，切忌因惊慌失措而延误时机，造成不必要的损失。正确的扑救办法是：

（1）迅速停车，切断总电源。

当出租车发动机发生火灾时，司机应迅速停车，让乘车人员打开车门下车，然后切断电源，取下随车灭火器，并对准着火部位正面猛喷，扑灭火焰。

（2）设法救人，引导乘客逃生。

当出租车被撞发生火灾时，由于车辆零部件损坏，乘车人员伤亡会比较严重，首要任务是设法救人。如果车门没有损坏，应迅速打开车门让乘车人员逃出；如果车门损坏，无法打开，驾驶员可利用扩张器、切割器、千斤顶、消防斧等工具配合消防队救人灭火。

（3）尽快报警撤离，争取支援。

发现出租车着火时，驾驶员应将出租车驶离要害场所或人员集中场所后停下，并迅速向消防队报警。同时，应及时取下随车灭火器扑救火灾。当火一时扑灭不了时，应劝围观群众远离现场，以免发生爆炸事故，并请乘客协助拦截过往车辆索取灭火器材参与扑救。

（4）停止加油，关掉油箱开关。

当出租车在加油过程中起火时，司机不要惊慌，要立即停止加油，迅速将车开出加油站，用随车灭火器、加油站的灭火器或衣服等将油箱上的火焰扑灭。如果地面流撒的燃料着火，应用灭火器或沙土将地面火扑灭。

（5）及时疏导，防止伤及无辜。

当出租车在停车场发生火灾时，一般应视着火车辆位置，采取扑救措施和疏散措施。如果着火出租车在停车场中间，应在扑救火灾的同时，组织人员疏散周围停放的车辆。如果着火出租车在停车场的一边时，应在扑救火灾的同时，组织疏散与火相邻的车辆。

小贴士

发动机突然着火怎么办?

如果在开车中发生发动机着火，应该做到：

（1）应迅速将车移至路旁，亮起危险信号灯，尽快下车并用灭火器扑救，扑救时不可立即打开发动机盖。

（2）若火势过猛，不能或不肯定是否能加以控制，应马上下车，与出租车保持安全距离，并向来往的车辆示意注意避让并报警。

（二）特定天气的行车安全

1. 雾天安全行车

大雾天气可见度低、路面滑、驾驶员的可视距离短，因浓雾而发生的重大交通事故屡见不鲜。所以雾天行车应注意以下事项：

（1）雾天行车，应打开雾灯和尾灯，适当鸣号，警告行人与车辆。

（2）行驶中应尽量避免超车，要低速行驶，并依靠路边的白色车道标线，以及前车的红色尾灯来引导。但盯住前车尾灯，跟在其后行驶，存在一定危险性，尾随前车应放大车距，注意观察道路上的交通情况，谨慎驾驶，并随时做好制动准备，尽量避免紧急制动。

（3）在遇到浓雾时，就近在服务区、停车场等处暂时停车，待大雾散去再继续行驶。如果必须在路边临时停车，车内人员应撤至安全位置，以防万一。

（4）遇来车鸣喇叭，应用短音回答；会车时应明灭灯光示意，以免相撞。

小贴士

预防挡风玻璃结霜的有效预防措施

（1）发动机升温后，打开暖风机，暂时关闭其他风道，集中风力直吹玻璃表面，可迅速吹散结霜。

（2）打开空调，调节车内温度，可消除车内雾气，使玻璃结霜迅速溶化。

（3）在挡风玻璃上抹一层薄薄的甘油或酒精，可在短时间内防止玻璃表面结霜。

（4）把餐具洗洁精溶于水中，再用干净布涂抹在挡风玻璃内侧，会有许多泡沫产生，只需稍等一会儿，泡沫会自行消失，而留在玻璃上的洗洁精膜会有效地保持玻璃两小时内不结霜。待车内温度升高后，再用干净湿布擦去玻璃上的液膜即可。

（5）如果挡风玻璃凝结了雾霜，应停车刮去结霜，再用干毛巾擦净。切忌勉强驾车或边开车边擦拭，以确保行车安全。

（6）用洗洁精按1∶10的比例与清水混合，装入喷雾器内，在车窗内喷上薄薄一层，待干后能在一段时间内有效防止结霜。

2. 雨天安全行车

下雨时行车因路面潮湿积水、制动距离长、视线不良，对安全行车危害很大。所以出租车驾驶员雨天行车必须格外小心，需要注意以下事项：

（1）减低行驶速度，注意道路上车辆与行人的动向，谨慎行驶。

下雨天路面被淋湿，覆盖上一层薄薄的水膜，这层水膜起着润滑剂的作用，使轮胎与地面的直接接触受到妨碍，路面的附着系数大大降低，路面变滑。路面上的水膜越厚，车速越

快，危险程度越严重。

（2）尽量避免紧急制动，应早踩长磨，逐渐减速。

干燥的路面上，平时难免会有一些尘土等脏物。开始下雨时，尘土脏物与雨水搅在一起形成一层薄薄的泥浆，覆盖在路面上，这比单纯的雨水的影响还要大，有时甚至会使路面变得和冰雪路面一样滑。雨天路面变滑，导致制动距离大大延长，依靠紧急制动很难保证行车安全。

（3）转弯路提前减速，避免转弯时离心力过大导致车辆侧滑或侧翻。

实际上，雨天路滑对安全行车的威胁不仅限于制动距离的延长，更重要的是制动时极易发生侧滑和甩尾，使车辆失去控制，从而导致严重事故。在潮湿、积水路面上，行车制动时，很容易抱死，发生侧滑和甩尾。

由于上述原因，雨天行驶，车速一般应比晴天降低 20%

左右，所以雨天行车，车速不可太高，而且不可实施紧急制动。

3. 大风天气安全行车

在大风天气条件下行车，行车速度适当，遇有风沙飞扬应缓行，并打开灯光。遇特大风暴应选择安全地点暂停，待风小后再行驶。大风天气下行车应注意以下事项：

（1）注意行人的动向。

刮风天，有些行人用纱巾蒙上脸，或戴上墨镜，视野受到一定的限制；还有的人加快脚步狂奔乱跑，只顾行路而不顾机动车辆。驾驶员开车时必须严密注意，否则极易引发交通事故。

（2）注意自行车的动向。

刮大风时，有些骑自行车的人低着头只顾往前骑，在过往交岔路口或在混合交通道路上行车时，驾驶员应注意这些低头骑自行车者，开车时最好以中低速度行驶，随时准备制动停车，以此防备自行车突然闯入机动车道。

（3）喇叭的作用减弱。

受大风的影响，有些行人或其他车辆的驾驶员根本无法听到汽车喇叭的声音。所以，在遇到不稳定的目标时，不要试图狂按喇叭，而应选择及时避让。

（4）快速闪避障碍物。

在大风天开车时，如果突然出现危险情况，却来不及制动或无法刹住车子时，必须学会及时躲闪，以求得最大的安全系数。转动方向盘要由慢到快，逐步进行，且方向盘转动幅度不应大于半圈。完成闪避动作后，应迅速将方向盘回正，这样汽车很快就会从左右摇摆的状态中恢复平稳。驾驶员在整个过程中也不要紧盯着障碍物，而是应将视线对着正确的行驶方向。

（5）摇紧车窗玻璃。

大风天开车时，应把车窗玻璃摇紧，防止沙尘飞进驾驶室，影响驾驶员的视力。

（6）停车时远离窗户。

在大风天，为避免出现高空坠物砸车的现象，停车不要溜楼边儿，最好远离楼房、枯树；实在没有地方停车也要尽量远离阳台和窗户。

（7）清洁粉尘滤清器。

大风天气时，大量的尘土常常被阻挡在粉尘滤清器处。当大风天过后，驾驶员应想办法去除粉尘滤清器的尘土，这样可以提高进风量，也使车内空气更加清新。同时还要注意清理空滤上面的尘土，以有效减少油耗。

4. 冰雪路面安全行车

冰雪道路的特点是结冰路滑，路面的附着力大幅度下降，制动距离加大，是交通事故高发的主要原因之一。冰雪路面行车应注意以下事项：

（1）加速踏板的使用，应轻踏缓抬，如果突然加速或突然抬起加速踏板，就会造成驱动力和制动力大于路面的附着力，导致瞬间车轮滑转或车轮侧滑，从而造成危险的发生。

（2）尽量避免急转方向盘，以免发生侧翻。

（3）尽量保持匀速行驶，遵守交通法规规定，严禁超速行车。

（4）前后车辆保持一定的安全距离，当前车紧急制动时，后车驾驶员及时采取相应措施，避免发生追尾事故。

（5）尽量避免紧急制动。

小贴士

冰雪路面安全行车口诀

冬季常遇雪和风，弥漫风挡看不清；
雪地路滑难行驶，行人走路易摔跤；
汽车制动易打横，自行车易摔跟斗；
掌握风雨雪特点，预防措施要做好；
驾驶思想多警惕，风挡冰霜常清掉；
灯光喇叭制动灵，行车距离保持好；
雪地不要急制动，严禁空挡来滑行；
遇到横滑打方向，遇到侧滑要冷静；
注意动态措施早，利用引擎制动好；
克服麻痹多谨慎，安全行车才可靠；
行路难来并不难，全在方寸谋略间。

5. 夜间行车

夜间行车的最大障碍是光线不足。光线不足使人的视力下降。驾驶员夜间行车比白天容易疲劳，也影响行车安全。夜间公路上车辆稀少，而且除了前照灯照射区域的路面外，其他几乎看不清，在这样的环境中，司机处于刺激过少的状态，容易加剧行驶时的“高速催眠”作用。

夜间行车时要适当降低车速，在距离前车较远时，可使用前照灯的远光照明，以扩大可视距离。当前车已进入远光照射区域时，则应改用近光，以免对前车造成干扰。为预防夜间行车过于疲劳而引起事故，最有效的措施是休息。一是出车前休息好，二是在行车过程中如感到困乏瞌睡时，要去就近的服务区、停车场等处停车稍事休息。

夜间行车缺乏良好的光线，特别是无月光的夜晚，路上漆黑一团，要靠车灯照射来观察路面情况，视野受到很大的限制。另外，灯光随车晃动，使驾驶员对地形、障碍物等的判断更困难，容易产生错觉。因此，出租车驾驶员夜间行车请务必注意环境分析：

（1）灯光较强：在路灯亮光较强、平坦、宽阔的道路上行驶时，可按正常操作方法行驶，如道路狭窄、转弯、过桥或村庄时，应减速变光，小心通过。

（2）光线暗淡：夜间在陌生或光线暗淡的道路上行驶时，对前方情况辨别不清，应降低车速，对路边的交通标志、电线杆、树木等物体和地形加以判断。

（3）明月皎洁：明月皎洁时，借助月光对地面的反射，走灰不走白，遇黑就停车。因为月夜路面为灰白色，在湖、河边沿行驶时，应特别注意，勿将水当路。行车途中，若发现前面突然变黑，就可能是有障碍或急转弯的地方，应减速或停车查明情况后通过。

（4）无月夜：路面为深灰色，路基外为黑色。

（5）雨后：路面为灰黑色，凹凸、泥塘、坑洼为黑色，积水处为白色。

（6）雪后：车辙为灰白色，通过较多车后为灰黑色。

（7）灯光变化：当灯光投射距离由远变近时，表明汽车驶近或驶入上坡道、驶近急弯或将要到达起伏坡的低谷地段；当灯光投射距离由近变远时，表明汽车由陡坡进入缓坡或由弯道驶入直线；当灯光离开路面时，应当注意前方可能出现急弯或面临大坑或正驶上坡顶；当灯光由路中移向路侧时，表明前方出现一般弯道；如果是连续弯道，灯光必然相应地从道路的一侧扫移到另一侧；当前方路面出现黑影时，如驶近时逐渐消失，表明路面上有浅小凹坑；如黑影不消失，表明路面上有深大凹坑。

（三）特定路段和时机的行车安全

1. 通过岔路口时的安全行车

在出租车通过岔路口时，驾驶员要观察前方，注意避让左右两侧的车辆和行人，控制好车速，避免发动机熄火，防止被卡在拥堵的路口；在通过没有信号控制的路口时，应相互礼让，勿争道抢行。

2. 通过不平路段和障碍物时的安全行车

出租车通过凹凸不平的路段时，驾驶员应握好方向盘，保持均匀速度行驶，遇凹凸较大路段，应降低车速。通过较大坑洼或沟槽时，提前利用滑行降低速度，使前轮平稳滚入。待车轮滚入坑底时，即用低速挡适当加速，使车辆越过。通过路面障碍物时，如障碍物在路中间，而它的两侧可以通过，即选择道路安全的一侧通过。如障碍物宽度大于轮距且高度不大，可使一边车轮压在障碍物上，另一边上轮压在平路上；必要时应让乘客下车，以减轻重量，降低、稳定重心，防止车辆倾覆。

3. 通过泥泞路段和漫水路面时的安全车行

出租车通过泥泞路段时，驾驶员应选择坚实、滑溜小的地方，应用均匀中速或低速一气通过，避免中途变速、制动、转向和停车。如泥泞较深，可循前车轮迹行进，必要时加以清除或铺垫砂石、草木后再通过。通过时防止障碍物碰及车辆底盘。

通过漫水道路时，要查清水深、流速、流向和水底情况，确定车辆进出水路线、地点，判断车辆是否能够安全通过，确认安全后，方可低速通过。

4. 通过急弯和陡坡时的安全行车

在出租车通过急弯时，驾驶员应减速慢行，尽量沿弯道外侧平稳缓行，千万不能在弯道上超车；遇有视线不良的弯道，应鸣喇叭，靠右行。下坡行驶时应控制车速，充分利用发动机牵阻作用减速，不得空挡滑行，不得超车。上坡时应在坡底提前减挡，加速冲坡。

5. 会车和超车时的安全行车

遇对面来车，出租车驾驶员应选择安全路段减速或停车交会；不得加速或紧靠道路中心会车。超车应选择道路宽直、视线良好、对面无来车且道路两侧均无障碍物的路段进行。超车应在确认前车让超，并有充足安全距离后，从前车左侧超越。

（四）高速公路行车安全

高速公路与一般公路相比，具有行驶速度快、通行能力大、服务设施完善、运输成本低等特点。但是，由于在高速公路上行车速度快，交通流量大，一旦发生交通事故，造成的人身伤亡和经济损失也比普通公路严重得多。所以，出租车驾驶员除了要了解和掌握高速公路的行车安全知识和基本驾驶操作技能，还要注意看清车速要求。

当高速道路限速标志标明的车速与上述车道行驶的规定不一致时，应按照道路限速标志标明的车速行驶。

高速公路由于具有良好的交通环境、完善的交通控制和管理设施，常常使人感到在这里行车很安全。但如果忽视了高速公路的行驶要求，不按要求进行操作，随时都可能发生重大事故。因此，驾驶员要特别注意以下几个方面的问题：

1. 进入高速公路前的准备和维护

当汽车在进入高速公路前的加速道上行驶时，出租车驾驶员应打开左转向灯并注意观察和正确估计高速公路右侧行车道上的车辆动向、行驶速度、行车间距。然后再根据自己所驾车辆的加速性能，确定进入高速公路车流的时机，以较小的角度加速驶入。

（1）准备。

驾驶员应根据任务、时间、地点、位置制订好合理路线，确定最佳驶入口和驶出口，熟悉沿途交通情况，如交通流量大小、沿途加油、停车、维修等服务设施分布等；安排好出发时间和中途休息点。

总之，在高速公路上驾车，驾驶员应调整好心态，注意力高度集中，不能有片刻疏忽。

（2）检查和维护。

根据高速公路的特点，上高速公路前除做基本的维护外，出租车驾驶员还应重点检查以下内容：制动系统是否漏油、缺油或漏气，能否安全、有效地减速和停车；确认冷却水、燃油、机油是否足够；检查风扇皮带松紧度及有无破损；检查轮胎气压是否正常，胎面是否完好无损，胎纹中是否有杂质，轮胎磨损程度等。

小贴士

高速公路驾车需克服四种心理

第一，注意消除恐惧心理。高速路上车速快、车流量大，容易使驾驶员产生恐惧心理，开起车来，心里不踏实。这种担心的恐惧心理，无形之中会导致驾驶员开快车，反应迟缓。因此，驾驶员在上高速公路前，应调整好心态，熟悉所经线路、设施等情况。

第二，克服冲动和争强好胜心理。在高速公路上行车，道路宽阔，行驶速度快，有的驾驶员有一种“一展雄风”和把车速提得更高的冲动。在高速公路上行车，超车是很普遍的现象，但有的驾驶员有一种不愿被人超过的争强好胜心态，往往被超车后，心里不服气，接着马上加速反超，这样极易引发交通事故。

第三，消除麻痹侥幸心理。一些驾驶员常常认为高速公路道路平坦、宽阔，视线良好，无横向干扰，无对行车辆，一般不会出事，这种心理导致有的驾驶员心理放松，麻痹大意，注意力不集中，这也是高速公路交通事故的祸根。

第四，克服心理疲劳。驾驶疲劳分为生理疲劳和心理疲劳，在高速公路上驾车，车速快，景致单调，这种行车环境对人有一种催眠作用，容易导致心理疲劳。再者，在高速公路上驾车，注意力高度集中，会使人厌倦和焦躁不安，甚至失去控制情绪的能力，这也容易导致心理疲劳，从而引发交通事故。

2. 驶入高速公路

（1）进口。

驶入进口前应选择好自己的行驶方向。

（2）匝道行驶。

高速公路与一般公路大多都是用匝道连接。匝道一般都呈曲线状并有坡度。在匝道行驶时要严格遵守限速标志，前后车之间保持足够的安全距离，以便确保安全。

（3）加速车道行驶。

进入加速车道后，应尽快把车速提高到 50 千米/时以上。提高车速时间越短越好，提速时间短，驶入行车干道的机会就多。在加速车道上，应与前车保留能够充分加速的行车距离，万一前车停车堵住去路或车道上车辆连续不断行驶时，可在加速车道上等候，以利于再次完成提速操作。

（4）驶入干道，汇进车流。

车辆在加速车道上充分提速后，必须在加速行道上行驶一段以后再打开左转向灯平滑地汇入行车道，驶入时机一般选择行车道前后车辆行车距离前 1/3 处。如果车道上的汽车似车队状行驶时，或从头车前方或等车队全部通过后从其后面驶入。

驶入车道后，应及时与前车保持行车距离。如果在有三车道以上的高速公路上行驶，必须根据车型和设计最高时速变更到相应的车道行驶。但必须逐条变更，绝对不能斜向行驶。

小贴士

匝道行驶注意事项

（1）提前看清指路牌。高速公路上标志牌虽然很清楚，但是由于数量较多，很容易让人混淆，对于新手来讲，大多是走到哪儿看到哪儿，这样很容易造成追尾。所以，一定要事先了解高速公路各个出口的位置，及时观察指路牌。

（2）高速匝道内行驶时当心重心偏移。高速路上的匝道通常比较窄，特别是有些匝道拐弯时倾斜度比较大，虽说高速公路建设时在这方面已经做出科学处理，但是如果出现速度过快、载重量过大的情况，还是容易发生侧翻事故。

（3）高速匝道上禁止逆行、超车。在高速公路匝道上严禁逆向行驶。个别驾驶员一时疏忽，提前或忘记在应出的匝道口驶出高速公路，为了节省时间，有的驾驶员可能会在出口的匝道上倒车重新驶入高速公路主路。这种做法极其危险。如果在高速上发生走错匝道的现象，可以继续行驶到下一个收费站调头，千万不能为了节省时间挺而走险。

3. 严格控制速度与减速

有交通标志规定的，按规定行驶，没有交通标志规定的，严格按照高速公路的特别规定行驶。《实施条例》中的最高、最低时速，是指正常行驶条件下适合的行驶速度，如果遇到雨、雪、雾、大风等恶劣天气时，应相应减慢车速。

4. 保持安全行车距离

车辆在高速路上行驶时，制动距离大大延长，保持足够的行车间距就显得格外重要。行驶间距不能小于《实施条例》规定的数值，车速超过每小时 100 千米时，应当与同车道前车保持 100 米以上的距离；车速低于每小时 100 千米时，与同车道前车距离可以适当缩短，但最小距离不得少于 50 米。

遇有雾、雨、雪、沙尘、冰雹等低能见度气象条件时，驾驶员应注意高速公路管理部门以显示屏等方式发布的速度限制、保持车距等提示信息，在确保安全的条件下，提高通行能力。

5. 谨慎超越车辆

高速公路上设有专用的超车道。但是由于车速很高，在超车时存在一定的危险性，所以，不能随意超车。若需超车时，

观察判断要准确，操作要果断，同时注意下述事项：

（1）正确判断与前车的速度差。

在自己已接近最高限速且与前车速度差不多时，不宜超车。否则将延长超车行驶距离，且容易形成超高速行驶。

（2）注意观察后方车辆动态。

超车前，在观察前方车辆的同时，必须充分注意后方的车辆动向。如果发现主车道上的后继车辆左转向灯已在闪亮，则应停止超车。

（3）谨慎转入超车道。

由主车道转向超车道时，应特别谨慎。打开转向灯后，不要立即变换车道，应继续在主车道上行驶至少3秒后再开始变换，以便其他车辆驾驶员能充分注意到自己的超车意图。在变换车道时操纵转向盘不可太急，转动量不可过大，以免因转向离心力太大使车辆失控造成事故。

（4）谨慎返回主车道。

在返回主车道前，必须保证与被超车辆有至少80米以上的距离。对于小轿车，如果能从车外后视镜看到被超车辆的整体轮廓，即相当于这一距离。在开始返回之前，要先打开转向灯，并且至少要在原车道继续行驶3秒钟后，才能开始返回动作。返回时，仍需注意方向盘不可转得太急，转动量不可过大。

6. 制动与转向操作要规范

（1）制动。

在车辆高速行驶时，应力求避免实施紧急制动。如果在车辆高速行驶中突然实施紧急制动，因惯性作用，车辆大部分重力转移到前轴上，后轴会浮起而左右滑动，严重时将引起后轴侧滑甩尾，甚至平地翻车，造成重大事故。

（2）转向。

随着行驶速度的提高，车辆能承受的最大方向盘转角急剧下降，方向盘的灵敏度显著增加。因此，操纵方向盘一定要十分小心，应首先利用制动使车速减低，再配合以转向操作。如果不减速就急转方向，会导致车辆失去控制。

7. 驶出高速路

根据出口预告标志，确定出口方向，提前准备。如不提前做好驶出准备，到出口才临时想起要改变行车路线试图驶出，就会面临极大危险。由于出口临近，必然要急转方向盘和紧急制动，而这两种操作方法都是高速行驶中的大忌。

8. 应急措施

（1）突然发现前方发生车祸时，一定要沉着、冷静，迅速减低车速。同时，小角度转向驶往紧急停车带或右侧路肩，防止追尾事故。切忌急转方向，猛踩制动，否则会发生侧滑撞车或撞向护栏。

（2）停车。车辆发生故障或事故时，要尽量利用车辆惯性驶向紧急停车带或右侧路肩。确实不能移动的，需在行车道上停车时，必须开启危险报警信号灯，并在车后150米处设置警告标志，夜间还须开启示廓灯和尾灯，然后找到最近的紧急电话，请求救援。为了安全起见，车辆夜间在紧急停车带和路肩停车时，也要开启危险报警信号灯、示廓灯和尾灯。在行车道停车时，应在确认后面车辆动向后，再打开车门，由一人在车后警戒，迅速将乘客转移到路肩上。车辆在紧急停车带或路肩停车时，乘客应从车辆右侧下车，不能随意在路肩上走动。

在高速公路上行驶中，如果因发生故障或燃料用尽等意外情况而不得不停车时，必须停在路肩上，禁止在车道上停车。

小贴士

如何防止在高速行驶中爆胎

高速公路上的爆胎因受轮胎质量、气体温度、磨损、路面状况及行驶操作等影响，原因比较复杂。因此，高速路上爆胎很难彻底杜绝。但应随时关注、及时检查和保养车胎，养成良好的驾驶习惯。

(1) 平时要注意轮胎的保养。经常检查轮胎是否有扎伤、划伤，是否有因断线造成的突起。在汽车被升起的时候(如检查底盘和换机油) 应该顺便查看轮胎内侧。

(2) 关注轮胎寿命。到一定里程要视行驶路面和磨损状况而确定是否需要更换轮胎。若出租车经常在高速或路面较差的路上行驶，就要视磨损程度及时更换。

(3) 养成检查胎压的好习惯。要经常检查胎压，每隔一个月要测量胎压，随时补气。上高速前更要检查胎压，使其保持在正常范围。

(4) 高速公路中防止轮胎温度过高。尽量不要连续太长时间在高速公路上行驶，可适当在休息区停车，使轮胎降温。这一点在夏天尤其重要。

(5) 养成良好驾驶习惯、控制车速。尽量防止急起步、急刹车和快速转弯，这些动作都会加剧轮胎磨损和增加瞬间压力。避免碾压路面上的坚硬物，并控制车速。

（五）事故处理需妥当

车祸发生后，应立即停车、保护现场、及时报警并积极对伤者、财产采取抢救措施是驾驶人应尽的义务。可一些人在车祸发生后不能理智面对现实，很容易步入处理误区，最终导致得不偿失、事与愿违，因此，一定要掌握正确的事故处理方法。

1. 交通事故紧急处理

在人、车、路和复杂的交通环境中，发生行车事故已不鲜见，出租车驾驶员应正视这个现实，力求谨慎驾驶，防止和避免发生行车事故。一旦发生行车事故，则要沉着、冷静、妥善地予以处理，将行车事故所造成的损失降到最低限度。因此，驾驶员应努力做好以下几个方面：

（1）立即停车，抢救伤者。

行车事故一旦发生，驾驶员应立即停车并设法从车内逃出，然后采取相应的救护方法，及时抢救受伤人员与物资，避免产生不可挽回的严重后果。

本着先救命后治伤，先重后轻的原则，对大出血伤员迅速止血，然后进行有效包扎；帮助窒息者迅速恢复其呼吸；对出现心脏跳动停止现象，及时进行胸外心脏按压；搬运昏迷或有窒息危险的伤员，应采用侧卧方式，不要移动伤员的骨折部位，选择正确的骨折固定法，避免伤情加重，并将重伤员迅速送就近医院抢救或者视情况向急救中心呼救和报告。

（2）保护现场，设立标记。

为了使公安交通管理部门顺利勘察现场、分析事故原因，驾驶员在不妨碍抢救受伤人员与物资的情况下，尽量保护好事故现场，必要时用粉笔、石块等将伤者或物资散落位置标记下来，为勘察现场提供依据。

（3）搜集旁证，及时报告。

在抢救伤员和物资的同时，应请人（如乘客等）帮助寻找事故目击者，问清其姓名、单位、地址、联系电话，搜集证据，并及时向当地公安交通管理部门、保险等部门和自己所在的单位报告，以便及时处理事故。

（4）如实反映，听候处理。

在公安交通管理部门和本单位人员到达现场后，应如实报告事故发生的详细情况，并提供旁证。驾驶员在报告事故发生情况时，应讲清事故发生的时间、地点、接触对象、人员伤势和车物损坏程度等简要情况，严禁伪造事故现场和肇事逃逸，应听候公安交通管理部门和本单位处理。

小贴士

交通事故中的头部外伤急救法

据资料介绍，在交通事故死亡者中，头部外伤占半数以上，而且60%～70%死于24小时以内。掌握一定的急救知识，可在很大程度上增加受伤者转危为安的几率。

当发生交通事故后应采取以下急救措施：

(1) 发现受伤者，应尽快检查其头部有无外伤，是否处于危险状态。禁止随便移动患者，并按以下程序迅速抢救：让负伤者侧卧，头向后仰，保证呼吸道畅通；若呼吸停止则进行人工呼吸，若脉搏消失则进行心脏按压；若头皮出血，则用纱布等干净物直接压迫止血。

(2) 如果头受伤，有血液和脑脊液从鼻、耳流出，就一定要使伤者平卧，患侧向下。即左耳、鼻流出脑脊液时左侧向下，右侧流时右侧向下。如果喉和鼻大量出血，则容易引起呼吸困难，应让受伤者取头低侧卧位，以方便其呼吸。

进行急救时应注意以下事项：

(1) 受伤后只有头痛头晕，说明是轻伤；若除此之外还有瞳孔散大，偏瘫或者抽搐等症状，那至少是中等以上的脑伤了。

(2) 脑外伤病人一旦出现频繁呕吐、头痛剧烈和神志不清等症状，应速送医院诊治。

(3) 受伤后如有脑脊液流出，最好不要用纱布、脱脂棉等塞在鼻腔或外耳道内，否则会引起感染。

2. 车辆故障紧急处理

载客运营途中如果车辆发生故障（如车辆发生异响）需停车检查不能行驶时，应向乘客说明原因，征求意见，请乘客等候，将车停在路边安全地点，迅速检查并排除故障。

若检查无结果，一时无法修好，应先为客人拦出租车或与调度部门联系，请乘客改乘其他车辆，少收或免车费，并向乘客表示歉意，然后通知单位救援。

如与乘客发生矛盾纠纷，态度要冷静，虚心听取乘客的批评意见，做到以理服人，得理让人。如双方不能协商解决，应提请有关部门出面调解，妥善处理。

3. 快速自行处理方法

为了缓解交通拥堵、化解矛盾，从而实现交通和谐，北京市公安局公安交通管理局与北京保监委保监局联合发布了《机动车交通事故快速处理办法》。

该办法规定：在本市行政区域内道路上，机动车之间发生的造成车物损失或者人员轻微伤，且车辆能移动的交通事故，由当事人依照本办法自行协商解决。当事人应当自行快速撤离事故现场，协商解决赔偿事宜。

有下列情形之一的，驾驶人应标画现场，迅速将车辆移至不妨碍交通的地点报警，等候交通警察处理：碰撞建筑物、公共设施及其他设施的；无检验合格标志的；无交强险标志的；未在本市投保交强险的；一方逃逸的。

小贴士

事故损失小，是否就可以不报警了？

一般来说，只有轻微财产损失的交通事故，当事人各方如果对事故成因及事实没有什么争议，可以达成协议的，即可自行解决。但是，在特殊情况下，即使只有轻微财产损失也需要报警，具体有以下几种情况：

（1）机动车没有牌号、没有检验合格标志及保险标志。

（2）驾驶人没有有效的机动车驾驶证（包括没有驾照，以及驾照过期的情形）。

（3）事故一方当事人在驾车前喝过酒或是服用过国家管制的精神药品、麻醉药品的。

（4）尽管没有人员伤亡但当事人对事实或成因有争议的。

（5）当事人不能自行移动车辆的。

（6）碰撞建筑物、公共设施或其他设施的。

三、治安防范莫大意

社会经济的飞速发展，出租车行业不断发展壮大，不仅加快了人们的生活节奏，而且弥补了市内交通的不足。然而，近几年来，出租车驾驶员被抢、被骗、被偷等安全事件不断发生，严重威胁了出租车驾驶员的生命和财产安全，也严重地扰乱了该行业的健康发展。为防患于未然，最大限度地维护广大出租车驾驶员的权益，我们深入分析了此类事件的特点、原因，并总结了相关防范和应对措施。

（一）防劫防暴

1. 劫车歹徒的一般特征

（1）犯罪主体年轻化。

从年龄上看，劫车歹徒大都是年轻人，有的甚至还未成年。

当前社会，暴力、拜金主义、享乐主义等错误价值观逐渐抬头，未成年人抵制诱惑的能力较差，盲目追求高消费、高享受，经常选择出租车作为交通工具，再加上一些不健康的音像制品和网络游戏的腐蚀作用，使得一些未成年人容易挺而走险，劫持出租车驾驶员。

（2）“三无”人员比例大。

以下两类“三无”人员是抢劫出租车案件的高发群体：一是无身份证、无暂居证、无用工证明的“三无”人员。由于城市管理的缺位和人文关怀的不足，此类“三无”人员容易因迫于生计和低估警方查处能力而铤而走险；二是指无家可归、无业可就、无生活来源的刑满释放、解教的“三无”人员。他们出狱后有些不是痛改前非，而是重操旧业，常将出租车选为作案目标。

（3）受教育程度较低。

从全国发生的出租车抢劫案件来看，歹徒的层次呈现“三多”的特点，即无业人员多、辍学学生多、农村青年多。其中文化程度最高的是高中，初中毕业者最多，还有的是小学就辍学。他们没有一技之长，缺少就业机会，法制观念淡薄，不学法，不懂法，不守法，再加上涉世不深、交友不慎等因素，容易成为不法分子的教唆对象或者直接成为不法分子。

（4）团伙犯罪特征突出。

目前，出租车抢劫案已从单独行动逐步发展为多人作案，并有团伙化发展的趋势，而且预谋性犯罪居多，在实施抢劫前，不法分子一般都事先预谋，在选择好目标、时间、地点后，进行周密策划，从盯梢、拦车、接应，到抢劫、逃逸、销赃，分工明确，配合默契，并且作案手段非常暴力，多采用语言威胁、持刀架脖等方式。

（5）吸毒分子作案多。

吸毒和犯罪是一对孪生兄弟，吸毒人员需要花大量的钱去购买毒品，他们在耗尽个人和家庭钱财后往往就会铤而走险，通过抢劫出租车等途径来满足自己的消费欲望。

小贴士

出租车驾驶员治安防范顺口溜

严防抢劫很重要，防护设施要牢靠；
穿金戴银莫显耀，大额现钞要藏好；
妇女儿童前排坐，问清去向大路跑；
外出运营先登记，验看身份报证号；
行车途中警惕高，后视镜中动态瞧；
突发情况要冷静，巧作周旋发信号；
相貌特征要记牢，侦查案件有依靠；
孤身遇袭快离车，寻求帮助把案报。

2. 劫车案件高发时段

（1）春节前一个月。

每年春节前一个月尤其是春节前春运期，往往被不法分子视为发横财的黄金时段，也是出租车抢劫案的高发期。受“捞一把回老家过年”心理的影响，一些不法分子往往在此期间蠢蠢欲动，选择出租车作为抢劫目标。最近几年，我国主要大城市均发生过不法分子以打车赶飞机，甚至以包车回家过春节为由，中途抢劫出租车案件。

（2）晚上20点前后。

不法分子选择此时段作案的原因有三：其一，此时是司机收车回家的时间，经过一天的运营，此时他们身心疲惫，分析和自卫能力处于最低点；其二，此时的司机们回家心切，只想拉个顺路客，容易放松警惕，疏于观察，从而给不法分子留下下手的机会；其三，此时天色已暗，能见度较差，便于歹徒隐蔽作案。

（3）23时至次日凌晨5时。

出租车位司机经过运营高峰，大脑疲劳，处于昏沉状态，反抗能力较差，再加上此时路上行人少，街上治安力量薄弱，空驶车多，不法分子容易选择目标，便于歹徒作案。

（4）下午16时左右。

此时是驾驶员午饭后赚钱的大好时机，而且驾驶员认为在天黑之前可以返回。歹徒正是迎合上述心理，上车后略施小计，让驾驶员改变路线，拖延时间，以便在天黑后伺机作案。

3. 劫车案件高发地点

劫车歹徒往往事先精心选择作案地点，甚至会事先踩点，这类地点往往有偏僻、隐蔽、人少的特点，驾驶员应该对以下劫车案件高发地点保持警惕：

（1）郊区。

郊区尤其是城乡结合部，流动人员多，治安情况较差，往往是不法分子的活动区域。不法分子通常选择在市内拦车，以城郊为目的地，当出租车行驶到人稀车少、地形复杂的郊区偏僻区域时伺机作案，得手后迅速逃窜。

（2）水域旁。

为及时消除作案痕迹，为警方破案增加难度，歹徒往往选择在河边、湖泊、水库等水域作为作案地点，行凶作案后，便于毁灭证据。

（3）山区。

歹徒选择在山区作案，一是因为山区地形隐蔽，植被茂盛，便于作案后抛尸；二是山路崎岖弯曲，出租车行驶速度慢，且驾驶员此时将注意力主要集中在驾驶上，使不法分子有机可乘。

（4）农村偏远地带。

农村偏远地带，过往人员少，没路灯，驾驶员手机被抢劫后，要走一段时间后才能报案，往往会因此延误抓获不法分子的最好时机，因此，不法分子常选择在此作案。

4. 歹徒劫持出租车的常用手段

为了达到劫财的目的，劫车歹徒作案手段多样，除了暴力手段外，其他手段也不断翻新，常常让人防不胜防，出租车驾驶员应该认清他们的常用手段：

（1）实施暴力。

暴力手段是劫车歹徒最基本、最常见的作案方式。歹徒会在其认为适当的时机和地点，使用锐器或绳索强迫驾驶员交出钱财或车辆，或威胁驾驶员开到偏僻处或事先选好的地点后实施抢劫，稍遇反抗，就会施暴。

（2）威胁恐吓。

威胁恐吓的歹徒并不持凶器，而是采用危言耸听的方式，或者冒充劳教、刑满释放人员等虚张声势，夸大不配合或抵抗的后果，使驾驶员产生恐惧心理，迫使受害者就犯。此时不法分子的目的是谋财而不是害命。

（3）药物麻醉。

药物麻醉的手段通常表现为：歹徒事先在香烟、饮料、食品中投放或注射麻醉剂，上车后与驾驶员拉关系，套近乎，取得驾驶员信任或在其失去防备的情况下，让其饮用或吸食，并趁受害者神志不清、丧失防范能力时实施抢劫。

（4）团伙作案。

犯罪团伙往往在作案前对抢劫的时间、地点、路线等都有所布置，然后安排一人或两人乔装乘客，当车到达埋伏区域后，其他团伙成员便一拥而上，里应外合，从而达到劫车目的。

（5）女色引诱。

利用女色来引诱或者麻醉出租车驾驶员是歹徒的劫车手段之一，女犯罪嫌疑人将被害人带往事先租好的租住房内，其他同伙尾随并伺机作案。时机成熟时，一部分人在门外望风，一部分人则入室对被害人进行殴打或威胁，并抢走其财物。

5. 歹徒劫车征兆

（1）非正常沟通。

多人上车时未携带大件行李；上车后交头接耳；举止诡秘，用手势、暗语沟通，生怕被人发现；多次无故改变行车路线或地点，又或多次改变下车时间和地点等，这些都是可能发生劫车案件的危险信号。

（2）中途借故停车。

不法分子一般不会在高速行驶中作案，否则车毁人亡的危险较大。歹徒往往会在偏僻处和天黑时以以下理由中途停车：一是以问路、“方便”等借口，突然要求停车；二是歹徒在做好抢劫准备的情况下，突然喊叫停车。在以上两种情况下驾驶员都会习惯性地将车速放慢，就在车即将停稳的瞬间，歹徒会出其不意地实施抢劫。

(3) 中途下车找人。

同伙作案，是近年来劫持出租车案件的新特点。歹徒往往化零为整采用一人租车，把车辆诱至同伙接应的地点，在未引起司机怀疑和警惕的情况下，突然抢劫。

(4) 反对做出城登记。

出城登记是出租车驾驶员避免遭受抢劫等意外伤害的重要保障。出租车驾驶员晚上遇有青年男子租车出城或前往市区偏僻路段，又拒绝登记检查时，可以车辆加天然气为由将车开往就近的警务站强制登记。反对做出城登记往往意味着乘客有不可告人的目的，这时要格外小心，最好放弃承载业务。

小贴士

特别提防“四类乘客”

（1）两名以上男性青壮年同时租车，行车途中一言不发或窃窃私语或答非所问、神情不专注、半路又有同伴上车或以“方便”等理由要求中途停车的人员。

（2）不告知行车目的地，而是以“左转”“右转”等手势或语言告知司机路线的“乘客”，或要求出城但对目的地表述不清的人。

（3）要司机去邻近县、市、区，但从表面上看经济能力却不足的年轻人。

（4）以不符实际的高价相引诱、装作大款包车的人，或主动递饮料、茶水、香烟、湿毛巾给驾驶员的“热情过度”的乘客。

6. 预防被打劫的措施

（1）强化防范意识。

出租车活动范围广泛，服务对象十分复杂，作为出租车驾驶员，要会察言观色，对高价租车、包车以及夜晚到偏僻地方的人员要格外小心，出城要登记，跑长途要给家里打个电话，以使其掌握行车去向。

（2）切忌露财。

无论白天还是夜间，出租车驾驶员出行时尽量衣着大方朴素；不带贵重装饰物，不穿戴名牌衣服、手表等；女驾驶员不要喷洒过多的香水。另外，说话要小心，不透露收入和家庭财产情况，以免诱发有劣迹的乘客产生邪念。

（3）察言观色。

出租车驾驶员应对行动异常的乘客加以留意，比如神态反常、携带可疑物品上车、支支吾吾说不清目的地，或多次变更路线和下车地点，此时要高度警惕，做好应变准备。

（4）拒接乘客物品。

驾驶员不要贪小便宜接受乘客的香烟、饮料等物品。歹徒往往会事先把麻醉药物放在以上物品中，当驾驶员使用后处于麻醉状态时，歹徒就会实施抢劫。

（5）注意细节。

细节事关生命，比如夜班驾驶员要特别注意，乘客在车门口付钱时，一定要把车门的保险关上，防止歹徒拉开车门袭击；停车时不要熄灭发动机，不要轻易下车等。

（6）配置自卫工具。

在座位旁放置螺丝刀、扳手、撬胎棍、金属水杯等一些可以做自卫防范的工具，但严禁携带管制刀具、枪支等违禁物品。

如果要进行自卫，应当遵守正当防卫的原则，禁止事后防卫和假想防卫。

（7）不在偏僻处停车。

要尽量将车停到人多、明亮的地方或利于报警的场所。一旦乘客在偏僻处突然要求停车，在停车前应做好防备，此时出租车驾驶员应拉好驻车制动，解开安全带，切断电源，打开车门，一旦察觉异常，可迅速躲避。

（8）安排乘客座位。

出于安全考虑，乘客上车时尤其是几名男乘客同时上车时，出租车驾驶员最好主动安排乘客位置，应根据有关规定安排，副驾驶位置一般只允许女士和儿童乘坐，以降低安全风险。

（9）做好出城登记。

出城的生意，特别是夜间去偏远地区的生意属于治安控制范围，最好到公司或有关管理部门登记点登记车号和乘客身份证及工作单位，如果乘客以赶时间、嫌麻烦等理由阻止，司机最好放弃承载业务。

（10）安装防劫装置。

在车内安置一定的防范设施，最基本的装置是防劫安全防护网，主驾驶位置与后座、副驾驶位置之间都要安装防护网，有条件的话最好也安装遥控防劫装置、卫星防盗 GPS 定位系统等。

7. 被打劫时的应对措施

（1）保命第一，沉着冷静。

被打劫时处理的原则是第一保命，第二保车，第三保财。当遇歹徒劫车时要沉着冷静，及时启动报警装置，绝不能被歹徒的凶相吓倒；分析双方力量对比及周围环境，寻找有利时机，尽一切努力以最快的速度脱身。在保证生命安全的前提下，奋起自卫，制服歹徒或击伤犯罪行为人。

（2）机动灵活，以柔克刚。

当被劫持时可以先拿钱交给歹徒，摆出一幅软弱的样子麻痹对方，然后伺机逃脱或反击；也可根据实际情况利用车辆的加速、减速躲避歹徒的袭击；尽量避免与歹徒发生正面交锋，在迫不得已的情况下可采取逆行、闯禁行、开启双闪或大灯、轻微撞车等方式引起民警和群众的注意，以寻求救助；为防不测，平时要准备好报警的小卡片，写上“我被劫持，请报警”，在通过收费站时伺机交给收费员。

（3）注意观察，掌握特征。

当孤立无援、敌众我寡时，出租车驾驶员应暂时放弃反抗，把希望寄托于警方，把着眼点放在日后破案上。因此要尽量注意观察和掌握歹徒的特征，比如身高、口音等情况，保留歹徒翻动过或遗留的东西，如果有机会最好用手机拍照或者摄像，及时报案，为公安机关破案提供线索。

（4）保护现场，配合破案。

歹徒劫车时，一旦阴谋暴露就会仓皇逃走。受害驾驶员应当保护好现场、歹徒的遗留物及痕迹，以为公安人员提供破案线索，并积极配合警方的调查，使劫车案件及时被侦破。

的士故事

马师傅的恐怖记忆

2010年底的一个夜晚，马师傅像往常一样在五棵松附近搭客。到了次日凌晨两点左右，有三名男子走到马师傅的车旁，说要到十里河。因为毕竟是市区，所以当时马师傅并没有多想，就让这三名男子上了车。

当车子走了大概五分钟到了一个丁字路口时，坐在后座的一男子突然喊道“停车！抢劫!”，车子还没有停稳，后座的两名男子以及副座上的男子就将锋利的刀子架在马师傅的脖子和腰上。紧接着，坐在副驾驶座的男子抢走了马师傅的车钥匙，强行将车子停下来，让马师傅把身上的钱全部交出来。后座的两个人同时搜了马师傅的身，就这样，马师傅身上仅有的700多元现金都被歹徒抢走了。此外，三男子还将马师傅的车也搜了一遍，把其他比较贵重的物品都拿走了。至今，马师傅回忆起事发那一幕，仍心有余悸。

（二）防骗

1. 诈骗活动的一般特征

诈骗，是指以非法占有为目的，用虚构事实或者隐瞒真相的方法，骗取款额较大的公私财物的行为。诈骗具有以下三个特征：

（1）不使用暴力。

诈骗的主要特征是不使用暴力，而是在看起来很平静甚至“愉快”的气氛下进行的。

（2）采用欺骗方法。

所谓欺骗，就是不法分子隐瞒自己的真实意图，为获得好感和信任，采取虚构事实或者隐瞒真相的方法，获取被骗者的财物。

（3）让受害人“自愿”交出财物。

受害人信以为真，在完全不知情的情况下将财物交给骗子，有时诈骗活动在“愉快友好”的氛围中进行，但并非被骗者的真正意愿，被骗驾驶员往往在发现被骗时才幡然醒悟。

2. 诈骗出租车驾驶员的主要形式

诈骗是一种比较常见的违法犯罪活动，在不同的行业领域和不同类型受害人身上有不同的形式。不法分子诈骗出租车驾驶员往往有以下三种常见形式。

（1）以求助者的身份行骗。

此类骗子多以走失人员或情境窘迫的灾区群众、突发事件的落难者等名义进行诈骗。一些“心太软”的出租车驾驶员一遇上这样的“落难者”，就会被他们的花言巧语所蒙蔽，继而“慷慨解囊”，自以为做了一件好事，殊不知已落入骗子设下的圈套。比如 2011 年 11 月，一些骗子以缺钱买药为由，并以“贵重物品”作抵押，使得北京市多名出租车驾驶员被骗。

（2）以特殊身份行骗。

此类不法分子多以社会上的能人、名流的名义行骗，如谎称自己是公安人员、商人、气功大师等，或声称交管部门有人脉等进行诈骗，抬高自己身价，对找工作等难办的事表示“完全有能力”解决。这类诈骗手段较为单一，较易识破。

（3）以许诺小利行骗。

此类骗子极为狡猾，采取“欲擒故纵”的方法，先以曾许诺的利益予以兑现，待取得驾驶员的信任后，就狠狠地敲其一把，让其在绝对信任和不知不觉中蒙受重大的损失。受害者往往是被诈骗分子开出的“好处”“利益”所深深吸引，见“利”就上，趋之若鹜，对于诈骗分子的所作所为不加深思和分析，最后落得个“捡了芝麻，丢了西瓜”的可悲下场。

3. 诈骗活动和诈骗分子的特点

近年出租车驾驶员受骗事件屡屡发生，犯罪手段日趋智能化、技巧化和团伙化，诈骗分子往往善于伪装和利用人们对某些社会角色的崇拜心理及虚荣心、获利心、同情心、求助心诱人上当受骗。总的说来，诈骗活动和诈骗分子具有以下特点：

（1）涉案金额上升。

从最近几年的发案情况来看，骗子的胃口越来越大，由过去常见的骗走打车费发展到现在的骗走手机、现金和银行卡等。

（2）团伙作案迹象明显。

作案方式由单一作案向结伙性方式发展，为保证作案成功率并获取最大的非法利益，不法分子在作案前都事先分工，明确每个人的任务。诈骗团伙少则三五人，多则数十人。

（3）流窜作案现象突出。

随着人口流动，诈骗分子往往在一个地方作案后，迅速逃到另外一个地方作案，给警方侦查破案造成很大的困难。

（4）犯罪手段翻新。

除了以落难者借钱为名实施诈骗等传统手段外，还出现了其他的犯罪手段。比如2009年，北京市某郊区发生的“出租车驾驶员被骗上赌桌”案，一伙骗子在饭店内设下赌局，然后物色出租车驾驶员入套参赌，最终出租车驾驶员不但把身边的钱输个精光，还欠下骗子上万元赌债。

（5）作案对象的选择性。

骗子往往会对诈骗对象有所选择。据公安机关有关部门统计，在被骗的出租车驾驶员中，按性别划分，女性驾驶员占的比例明显高于男性驾驶员；按年龄划分，50岁以上的驾驶员比例明显高于50岁以下的。

（6）“三多一高”诈骗分子居多。

在诈骗分子中，“三多一高”人员占有较大比例，“三多”是指“三无”人员作案多、有前科劣迹的人员作案多、流窜犯多；“一高”指未成年人作案率高。

不法分子之所以能够诈骗成功，确有他们自己的一套“技能”。他们有一套狡猾的诈骗手段，善于设置骗局，能有效地适应环境变化，针对不同的环境和对象实施不同的骗局。

小贴士

认清骗子的脸谱

（1）能言善辩。诈骗犯往往都有三寸不烂之舌，他们见多识广，巧舌如簧，最善于投其所好，尽献阿谀奉承之词，最会通过编造谎言来忽悠出租车驾驶员，骗取信任。

（2）性格活泼。诈骗分子在个性和能力上给人的印象是性格活泼、乐观开朗、善于交际、“真诚善良”“值得信任”，容易使出租车驾驶员产生心理上的“自己人效应”。

（3）善于表演。骗子往往都有很好的表演天赋，伪装落难者时往往声泪俱下，极易博得同情；伪装成社会成功人士时，往往西装革履，举止高雅，俨然一副社会精英分子的形象。

（4）出手阔绰。一些骗子为了获取信任，往往伪装出“不差钱”的形象，或穿戴奢侈品，或住高级宾馆，或许诺支付明显高出打表价格的租车费，使出租车驾驶员在心理上不知不觉地对骗子产生信任感。

4. 防止受骗的高招

虽然诈骗行为的形式多种多样，但骗子的最终得逞离不开受害人本身的防范意识不足和防范措施不到位。因此只要提高认识，加以防范，就可以防患于未然。因此，有必要做到以下几点：

（1）提高防范意识。

俗话说：“害人之心不可有，防人之心不可无”。出租车驾驶员要树立较强的反诈骗意识，克服贪小便宜等不良心理，始终保持头脑清醒，做到三思而后行，不可随意轻信和盲目随从陌生乘客。出租车驾驶员最好不要过多地谈论与乘车服务无关的事，不轻易向乘客透露自己在工作和生活上的困难，不轻易介入乘客的谈话内客，不随便接受乘客的香烟、食品和饮料等物品。

（2）切忌感情用事。

诈骗分子的最终目的是在尽可能短的时间内骗取钱财。因

此，对于表面上讲“感情”“哥们义气”的诈骗分子（特别是新认识的“朋友”“老乡”、遭受不幸的“落难者”），若对驾驶员提出钱财方面的要求，不要一味“跟着感觉走”、缺乏理智，要学会听其言、观其色、辨其行。对过于主动自夸“有能耐”的人，或者过于热情地希望“帮助”驾驶员解决困难的人，要特别注意。

（3）杜绝贪小便宜心态。

“慎则祸之不及，贪则灾之所起”。那些自称名流、能人的诈骗分子为了能更快地取得驾驶员的信任，以达到其不可告人的目的，大多都会主动地在驾驶员面前炫耀自己的“能耐”，或者炫耀在交通等主管部门的人脉，或者提供一个一本万利的商机，或提供一个免费吃喝玩乐、嫖赌逍遥的机会，千方百计地迎合出租车驾驶员的需求，这时出租车驾驶员应当格外注意，绝对不能介入。

（4）避免以貌取人。

不能单凭言谈举止，衣着打扮等第一印象妄下判断，轻信乘客，应更多地核实和分析，不被表面现象所蒙蔽，比如为防止不法分子冒充民警，拦住车说违章，开口就罚款，有必要要求对方出示工作证件等。

的士故事

烟卷暗藏迷药　司机晕乎参赌被骗

2011年5月，出租车驾驶员谢师傅在公主坟附近揽了个“大活”：送一位自称姓陈的老板到房山区窦店某废品收购站。下午3时许，经过七拐八拐，车在窦店村一个厂房门前停下。陈老板让谢师傅将一捆约200斤铜丝捎回，并领他进了屋。屋内4男子正在玩扑克，陈老板让其中两人去取铜丝，自己接过一个人的牌，并催谢师傅替另一个人摸牌。陈老板递了支烟给谢师傅，谢师傅吸了几口就晕乎起来，不由自主地与他们赌了起来，身上1200元现金很快输光，接着花3500多元买的手机抵款2000元也输了。陈老板借给谢师傅3000元，几个回合又输了。此时陈老板索要赌债，谢师傅只得打电话让哥哥往对方提供的银行卡上存了3000元。谢师傅清醒后发觉中计，随即向派出所报警，在民警的积极协调下，银行及时冻结了该卡上对方尚未支取的3000元。

（三）防盗

1. 出租车被盗案的主要特点和规律

现在的盗车案有“四快”特点：盗窃快、逃逸快、改号快和销赃快。除此之外，在作案时间、地点、方法方面还有以下的共同特点：

（1）作案时间多在夜晚。

由于出租车目标大，车型、颜色和标志明显，白天各交通要道有警察上岗值勤，对车辆检查较严，所以不法分子白天不敢轻举妄动，而是利用夜幕作掩护进行非法活动，作案时间主要集中在晚上12时至次日早晨5时，这段时间路上治安管理薄弱，车主多已熟睡，夜班驾驶员此时也较为疲惫，不法分子容易得手。

（2）作案地点多在无人看管处。

在无人管理的场地，开放式、半开放式的居民小区，或是无人看管的街道、路面、小巷等防范不严的地段，盗窃分子比较容易得手。此外，停车场、工厂区、商场（店）旁的停车位也是发案较多的处所。

（3）作案形式多以团伙为主。

出租车盗窃多以团伙为主，并且盗窃销赃一条龙，他们组织严密，分工明确，有的专门撬捅车锁，有的负责驾车，有的伪造卖车手续，有的专门给出租车上漆改色，有的销赃被盗车辆。

（4）盗窃目的多种多样。

不法分子盗车目的多种多样，主要有以下四种：一是图财，出租车的价值都较高，盗贼出一次手就能收入数万元；二是方便继续作案，将盗窃的出租车作为下一次作大案的交通工具，进行其他更大的刑事犯罪活动；三是报复，出于仇富心理报复社会，或因为平时结怨而报复个人；四是盗窃车内财物，比如计价器、手机、钱包等。

2. 不法分子盗车的主要方法和手段

（1）采用自制的钥匙或盗来的钥匙，盗窃出租车。

不法分子通常是通过与车主或司机关系密切的人员，秘密将车钥匙压成模，配制钥匙后直接打开车门盗走出租车。或者是到出租车修理、装潢服务公司内，将停放在该处修理、保养的出租车窃走，因为维修人员防盗意识差，常随意摆放出租车钥匙。

（2）使用遥控干扰器干扰车主锁车。

盗窃分子看见车主停好车并用遥控钥匙锁车门时，就在附近打开遥控干扰器予以干扰，等车主离开后，再上前打开车门窃取财物。在此干扰器打开后，车主用遥控钥匙锁车门时，仍会看到车灯闪烁并听到车锁的声音，使车主误以为车门已锁，但实际上车门并没有锁上。

（3）砸坏出租车玻璃窗窃取财物。

在僻静处或夜深人静之时，不法分子也会用事先准备的铁制钻头、石块等物砸开车窗玻璃来窃取财物。

（4）转移车主注意力窃取财物。

转移车主注意力是盗窃团伙常用的手段：地点大多选择在红绿灯处，先由一名盗贼佯装发现车主的出租车发生了状况，比如用手指车轮胎，以吸引车主的注意力，其余同伙则寻机打开车门窃取车内物品；或者用锐器戳破轮胎，并跟随车主前行，待车主前行一段路发现异常停车检查时，伺机窃取车内物品。

（5）采用抽吸的方法盗窃燃油。

不法分子盗窃燃油时，主要针对停在路边的车辆，先撬油箱锁，再用事先准备的塑料管抽吸汽油、柴油。此类不法分子一般事先均联系好了买主，往往会实施连续作案。

3. 防盗的措施

对于出租车盗窃要群防群治，驾驶员不能只是寄希望于保险公司的理赔，只有驾驶员与公安机关携起手来，共同努力，加强预防，才能有效地遏止出租车被盗案件的发生，有必要做好以下防盗措施：

（1）选择好停车场地。

外出停车时，尽量选择地势开阔、行人多的场地，最好停放在有人看守的停车场，要避免将车停放在没有灯光或光线昏暗的地方。回家时不要随意将车停在路边或无人看管的居民小区，不要把财物遗留在车内。应将车停放在小区通道、出入口、街灯下等有行人、易于观察的地方，避免停放于偏僻和视线死角处。如果有时万不得已必须把车停放在较为隐蔽的角落时，应尽可能将车头朝外，这样就算真有盗贼“光顾”，也容易被人发现。

（2）警惕生人敲打门窗。

当出租车驾驶员驾车至路口或较僻静的路段时，突然有人敲打车门，或对轮胎指指点点时，若驾驶员紧急停车，下车查看时，不法分子可能趁机从另一侧将放在副驾驶座上的财物窃走。因此，如遇上述情况，在停车检查前，要关好车门并将财物随身拿好，最好不开车窗或车门。

（3）选择高质量的防盗装置。

选择出租车防盗装置时千万不要图便宜，一定要选择正规

厂家的、科技含量较高的产品，尽量给偷车贼增加难度。如安装不能启动装置、方向盘脚踏锁、电子报警防盗系统、遥控防盗装置、防止跟踪装置以及防盗锁等。

（4）停车3分钟回头。

盗车者一般是看见车主离车而去后，迅速动手。有防盗经验的司机在每次停车离开前，总会打量四周环境并亲自检查每扇门窗是否已关好，并在3分钟之内回头看看自己的车。

（5）管好车钥匙。

不轻易将车辆借给别人或让其他人保管，防止被他人留下车钥匙印模并偷配钥匙。维修和保养出租车要选择正规的修理厂，将被他人偷配钥匙盗走车辆的可能性减少到最低。

（6）不在后备厢存放贵重物品。

离车时尽量不要将现金、手机等贵重物品和包放在车内座位上；也不能将出租车后备厢当成保险箱，不要将重要物品如笔记本电脑、照相机等存放其中，大件贵重物品也应设法转移，切忌暴露在视线之内。

（7）巧设车内小机关。

驾驶员可以根据车辆情况，设置他人难以解除的小故障或机关，如临时拔掉蓄电池接线、改用不标准螺母等。

小贴士

出租车防盗和防劫装置

（1）不能启动装置。把出租车电源或油路截断，阻止发动机启动，这类装置多装设在车厢内非显眼位置，开关是隐蔽的。设计的原理是偷车者在开车前若没有破解该装置，出租车只能使用储存在油路内的少量燃料，行驶一小段路程便会熄火停车。

（2）方向盘脚踏锁。这是一种一端钩着方向盘，一端钩着离合器或者制动踏板的装置。上锁即开启警报器，此时会有几秒时间让司机离开出租车，几秒后即进入防盗警戒，一旦被触碰，LED 灯则会连续闪 5 次，而后发出 130 高分贝的警报声响，警报声可持续 30 分钟。

（3）电子报警防盗系统。此类装置多装在车门、发动机舱盖或行车箱上。一旦盗贼以非正常的方式开启上述地方，车内的警报系统即会大声鸣叫。

（4）遥控防盗装置。开关安装在车门上，而车主随身配备一个遥控接收器，当有人以不正当手段开启车门，或大力拍打车身、玻璃，企图进行破坏时，车上的警报系统会发出警报，遥控器会自动通知驾驶员有意外情况，车辆的前照灯也会闪亮。

(5) 防盗跟踪装置。一旦车被盗走，这种装置能够协助警方探测出车子的大致位置，便于很快将它寻回。

(6) 出租车防盗锁。该装置采用超硬钢及合金制造，外层镀铬、焗漆保护，可防锯、撬、敲击、剪切及锈蚀。使用时拉出锁杆，先将拐杖锁尾端勾住车踏片板，推紧锁杆，听到“卡”一声，则可完全锁定，安全又方便。

（四）正当防卫与紧急避险

1. 正当防卫

正当防卫是指为了使公共利益，本人或者他人的人身安全和其他权利免受正在进行的不法侵害而加以反击的一种合法行为。正当防卫属排除社会危害性行为之一。驾驶员在遭遇不法侵害时，往往是孤身一人，地处偏远，时逢夜深，活动空间封闭，不采取防卫行为，生命安全及财产都会受到暴力犯罪的侵害，正当防卫是对不法侵害人正在实施中的暴力犯罪行为的一种当然抵抗。作为防卫人在采取正当防卫，特别要注意正当防卫必须具备的4个条件：

（1）有实际的不法侵害存在。

不法侵害行为是指违反法律并具有社会危害性的行为，既包括构成犯罪的严重不法行为，也包括尚未构成犯罪的违反《治安管理处罚法》之类的不法行为。

（2）侵害行为必须是违法的。

通常是指侵害行为侵害了他人的生命、健康或财产权利及其他合法权益，并实施了单人侵袭或多人攻击、凶器侵害等违法事实法。

（3）侵害行为必须正在进行。

通常是指不法侵害人正在实施侵害行为且侵害行为尚未结束。不法侵害行为开始和存续的期间，就是行为人实施正当防卫的期间，如犯罪嫌疑人正举枪瞄准出租车驾驶员或正在撬车门等。

（4）必须针对侵害者本人。

正当防卫的目的在于排除和制止不法侵害行为，所以只能对不法侵害者进行反击，不能损害第三者的合法权益。

正当防卫是公民应依法享有一项权利，但是，防卫不能超过必要的限度。掌握必要限度主要以防卫行为是否足以制止不法侵害为前提，由侵害行为和防卫行为双方的一系列事实情况进行对比来决定。例如，某出租车驾驶员发现有人正在行窃，只要加以驱逐或扭送管理部门以制止其偷窃行为就可以了，倘若开车撞死小偷就超过必要限度了，这称为防卫过当。

2. “不法防卫”的四种情况

防卫行为有正当与不正当之分，出租车驾驶员如果误解了正当防卫原则，认为正当防卫可以不受任何限制，就可能走入防卫误区。下面是“不法防卫”的几种情况：

（1）事先防卫。

事先防卫指为了避免侵害的发生，可以采取必要的预防措施，比如及时向公安部门报告等。不能先发制人，提前防卫。

（2）事后防卫。

事后防卫是指对已经消失的不法侵害行为，实行事后防卫。事后防卫也可能出于防卫人对事实的错误认识，将不法侵害已经过去误认为依然存在，而对其实行防卫。

（3）防卫挑拨。

防卫挑拨又称挑拨防卫，是指故意寻衅挑逗以诱使对方实行侵害行为，然后以“正当防卫”为借口而对他人加以危害的行为。

（4）假想防卫。

假想防卫指本来不存在侵害行为，由于行为人认识上的偏差，而错误地实行正当防卫，使得他人受到无辜伤害的行为。

3. 紧急避险

紧急避险，是指为了使国家、公共利益、本人或者他人的人身、财产和其他权利免受正在发生的危险威胁，不得已给另一较小合法权益造成损害的行为。紧急避险行为应当符合以下条件：

（1）目的是保护合法权益。

如果不是为了保护合法利益，不允许实行紧急避险，如肇事司机为了逃避公安人员的追捕而撞坏公共设施，则不能视为紧急避险。

（2）“危险”正在发生。

对于尚未发生的危险或者已经结束的危险，以及主观假想的危险或者推测的危险，都不能采取紧急避险行为。否则，就是“避险不适时”。危险可能来自多方面：有的是自然因素，如地震、狂风等；有的是动物的侵袭，如恶狗咬人；有的是人为危害社会的行为，如抢劫犯和精神病人的袭击等。

（3）不能超过必要限度。

“紧急避险”是指用损害一种较小的合法权益的方法保护另一种较大的正在受到危险威胁的合法权益的紧急措施。不论是受损害的还是被保护的合法权益，都是受国家法律保护的，只有损害的合法权益小于被保护的合法权益时，紧急避险才有实

际意义。

（4）不得已而采取的行为。

紧急避险是通过损害一种合法权益，保全另一种合法权益，因此应当严加限制，必须是在采取损害一种合法权益成为排除危险的唯一办法时，才能够实行紧急避险。

【提示与思考】

1. 在高速路上行车要掌握好哪些驾驶技术和规范？

2. 出现交通事故后怎样采取急救措施？

3. 你如何理解“安全防火无小事，珍爱生命有方法”这句话？

4. 你是否赞成“上当受骗大多是因为贪心”这句话？

第四讲

健康的身体是愉快工作的前提

一、出租车驾驶员的常见病及预防手段

（一）腰椎、颈椎疾病和胃肠道疾病

据北京出租汽车管理部门提供的数据显示，目前北京出租车驾驶员已达数十万人。出租车驾驶员由于工作流动性和无序性、生活无规律、工作时间长等原因，最常见的职业病便是腰椎、颈椎疾病和胃肠道疾病，下面介绍一下腰椎、颈椎疾病和胃肠道疾病的发病原因和防治措施。

1. 腰椎、颈椎疾病

“眼睛要盯着前方，手要转动方向盘，脚要踩刹车离合，开一天车下来浑身都不自在”这是很多出租车驾驶员的共鸣。

出租车驾驶员由于长时间精神紧张，在狭小空间里保持久坐，及每一次刹车给腰、颈部带来的冲击力，近80%的出租车驾驶员患有不同程度的腰椎、颈椎疾病。其症状是晨起后头痛、头晕、颈后痛，随着年龄的增长，还会出现耳鸣、全身乏力、四肢麻木、震颤等一系列运动神经系统、骨骼肌肉系统受损的

症状。出现以上症状应及时就医，按照医生的治疗方案进行治疗。

出租车驾驶员久坐的体位本来就容易使腰、颈部疲劳，加之一些驾驶员不注意正确的驾驶姿势，极易引发腰、颈部疾病，预防腰、颈部疾病的主要措施有：

（1）保持正确的驾驶姿势。大部分驾驶员都很清楚怎样的姿势是正确的，但往往由于习惯成自然，以及身体条件与座椅不相适应等形成了错误的驾驶姿势，长期如此就会引发腰、颈部不适。因此，出租车驾驶员要时刻提醒自己保持正确的驾驶姿势，养成习惯。

（2）在腰背部垫一个薄枕，以减轻腰椎的压力。

（3）调整靠背椅使其适合自己的生理曲度。

（4）一段时间的驾驶之后离开车厢活动一下全身，尤其是腰背部和颈部。

（5）伸一下懒腰，轻动一下脖子，让腰椎两旁及颈部周围的肌肉群和各关节得到休整和重新协调。

（6）做各个方位的腰、颈部活动，如腰部前屈、后伸、左右侧弯等，让腰、颈部关节肌肉放松。

（7）注意气候的突变，做好防寒保暖工作。

2. 胃肠道疾病

胃肠道疾病是出租车驾驶员较常见的一种职业病。引发胃肠道疾病的原因主要包括：

（1）药物刺激。

出租车驾驶员由于工作紧张，当身体出现不适时常被自己忽略，认为小病不用去看医生，便在药店买点儿药应付一下，或者不按医嘱而服用过量药物，这往往会对胃肠道造成损伤，从而致病。

（2）不良生活习惯。

出租车驾驶员每天的工作时间持续较长，容易养成一些不良的生活习惯，很多司机在工作中为了提神或者减轻压力经常吸烟，吸烟即可造成胃动膜缺血、缺氧，而形成慢性胃炎。驾车时固然不能饮酒，但有些司机在下班回家后常常大量饮酒，以图通过酒精的作用来放松自己，长此以往必定损伤胃动膜引起慢性胃炎。

（3）细菌感染。

出租车驾驶员由于工作关系，饮食极不规律，时常会在路边小摊上吃便饭，卫生状况不能保证。当各种细菌、毒素摄入后便引起急性胃肠炎，表现为腹痛、呕吐、腹泻等。长期不洁饮食还会增加幽门螺杆菌感染的机会，造成慢性胃炎久治不愈，甚至形成胃或十二指肠溃疡病。

（4）精神因素。

驾驶过程中精力的高度集中，对各种紧急情况的应急处理，以及对工作业绩的担忧等，都使出租车驾驶员较长时间处在“应激状态”之下，持续、过度的心理压力及精神紧张，都会影响胃肠道的功能。

那么，胃病如何预防呢？可以从以下几方面入手：

（1）忌烟、酒、浓茶、浓咖啡等，避免生冷及不洁食物。

（2）进食时细嚼慢咽，避免暴饮暴食。

（3）行车计划要兼顾进餐的规律。

（4）在患其他疾病就医时，告诉医生自己的胃功能状况，避免服用刺激性强的药品。

小贴士

超时运营危害大

许多疾病的发生都与驾驶员的生活、工作习惯相关，要想做到防患于未然，驾驶员朋友应该从注意休息、避免持续长时间开车入手，最好工作两个小时后能休息一下，中午有条件的要睡午觉，平时多吃一些蔬菜或水果，如果发现身体不适，一定要及时去医院就诊并好好休息，要记住，千万不要让自己的身体“透支”。

（二）高血压

出租车驾驶员工作长期处于紧张状态，有的驾驶员白天黑夜连着干，不能得到充分的休息，而且饮食也很不规律，吃的东西往往偏咸、过于油腻，还有一些驾驶员，一有闲暇，就烟不离手，这些都是容易引发高血压病的原因。

一般来说，出现轻度血压升高的症状先别忙着吃药，应先改善生活方式，这是治疗高血压的基础，一些早期轻度的高血压症状，只要生活方式改变，症状就能有所改善。改善生活方式包括：

1. 平和心态，避免过度紧张、过度劳累

开车避免不了紧张，不过要尽可能地让自己放松。在不影响安全的前提下，在车内播放点轻松优美的背景音乐，当然音量要适度，这种情况乘客一般是不会反对的。每天要保证充足的睡眠，实在困倦时宁可不出车也要以安全为第一位，在家休息。每逢不出车的日子，要好好利用这个机会休息，不要打麻将或其他娱乐到通宵。

当发生擦碰时，要心平气和地解决问题。警察罚款时，态度要好，吸取教训，不要轻易动怒。否则既解决不了问题，也伤身体。

2. 宜进食少盐、低脂食物

食盐每天不超过6克，这其中包括酱油里的盐、咸菜里的盐等。起初可能会不习惯，但坚持下来对身体肯定是有好处的。记住：吃得淡就能降血压！此外，高脂肪食物也要避免，动物内脏、荤油炒饭不宜多吃，即使素油也以少用为好。

3. 积极参加体育活动

不出车时，可以做些体育锻炼，如打乒乓球、羽毛球、游泳、跑步、快走，等等。出车待客时也可下车弯弯腰、伸伸腿，活动活动关节。肥胖者应控制好体重，能瘦身更好，体重下降些，血压也会低些。

（三）视觉疲劳

出租车驾驶员由于其职业特点，眼睛要时刻注视前方的交通灯以及周围的路面状况，加之不同光线，如晴天强烈的日光，夜间忽远忽近、闪烁不定的车灯……都易使眼球干涩不适，导致用眼过度，产生视觉疲劳。

对于出租车驾驶员来说，养护好自己的眼睛十分重要。预防视觉疲劳，可以从以下几点做起：

（1）尽量避免长时间过度用眼。可利用停车待客的时间，眺望远处，多看些绿色植物，或静心闭目片刻，用手按摩眼部舒缓眼部疲劳。平时在家看电视、看书等，限定时间，不可过分疲劳。

（2）休息时有意识地转动眼球、增加眨眼次数，以保持眼球的湿润。

（3）注意车窗的遮光，选用有色挡风玻璃。在强光下行驶时，佩戴墨镜以避免强光刺激。

（4）注意饮食的合理选择和搭配，多吃富含维生素、矿物质和微量元素等对眼睛有益的食物。可适当服用维生素 A、维生素 B_1、维生素 E 等。

（5）可以适当选用一些营养和抗疲劳眼药水，如“艾维多”滴眼液、“润洁”（萘扑维滴眼液）等。

（四）慢性咽炎

急性咽炎反复发作、鼻部慢性炎症刺激、嗜烟酒或是长期吸入刺激性气味、粉尘等，都会诱发慢性咽炎。出租车内空间狭小，空调长时间开放，空气不流通，易形成污染，加上路上的汽车尾气和灰尘，以及反复上呼吸道感染，常会导致出租车驾驶员患上慢性咽炎。此外，消化不良及心血管疾病也会引起咽部不适。所以发生咽痛、咽痒等慢性咽炎症状时，应及时上医院检查、治疗。

慢性咽炎常反复发作、病程迁延，治疗需要一个长期过程，故慢性咽炎关键在于预防。慢性咽炎的预防，可以从以下几点做起：

（1）注意保持车内良好的环境。在车内不要吸烟，自己不仅不吸烟，还要劝乘客不吸烟。

（2）经常开窗通风保持空气新鲜。

（3）车内空调要经常清洗，尤其在冬、夏季使用空调多的情况下，更要注意卫生。

（4）养成良好的生活和饮食习惯：戒烟酒，多饮水，少吃辛辣刺激类食物，注意锻炼身体，劳逸结合，保持愉快积极的精神状态。

（5）保护好嗓子，别让嗓子太疲劳，说话宜轻声，以免咽喉、声带充血。

（五）血栓性疾病

出租车驾驶员由于职业的缺点，常常坐着不动，下肢的静脉血管处于受压状态，血流缓慢，极易形成血栓。血栓阻塞下肢静脉，便会发生一侧下肢明显肿胀（这并不等同于平时久坐后两脚轻微水肿）。当血栓随静脉血回流到心脏，再由心脏随血进入肺动脉，便形成肺梗死。

心血管系统病是出租车驾驶员的常见病之一。出租车驾驶员预防心血管系统病要注意以下几点：

（1）摸清自己的健康状况，定期检查身体，及时发现疾病并认真加以治疗，当首次发生心悸、头晕、运动时胸痛等症状时，即使症状比较轻也应该立即找医生进行诊治。

（2）抛弃不良生活习惯，彻底戒烟，因为心脏病总死亡率的21%是由吸烟造成的，戒烟之后这种危险就会随之降低。

（3）保持理想体重，体重如超过正常体重的20%以上，心脏病突发的危险就会增加一倍。保持理想体重的最好方法是坚持运动，喜欢运动的人心脏病突发的危险比习惯久坐的人会减

少 35% ~55%，但已经患有心血管疾病的驾驶员不可以做剧烈的运动，要做到运动适度、持久。

的士故事

健康的身体是无价之宝

张师傅家里上有老下有小，生活压力大。为了养家，张师傅除了偶尔回家，基本上每天都出车，一天都不落。张师傅和王师傅开对班，每人每半个月轮换白班和夜班。轮到张师傅开夜班时，他每天都会盯到点儿，也就是从下午 5 点一直开到凌晨 5 点。这是艰难的 12 个小时，张师傅偶尔会提前回家休息，即便如此，“每次下车时，身上的肉都是打哆嗦的。”为了保持清醒，张师傅在车里抽烟，以至每次王师傅接班后，都要先开车门透气。王师傅后来对此提出了“抗议”，张师傅于是每晚买3块钱的可乐带到车上，“你反对我抽烟，喝可乐也能提神。”

张师傅一边拼命干活，一边省吃俭用。没想到6月9日凌晨5点，张师傅把车开到交班地之后，没像往常一样先去小吃店吃早点，而是径直回到自己租住的房间休息。但是这一休息却没有让张师傅缓过来，而是永远地睡着了。事后，医生鉴定张师傅是猝死。

小贴士

吃得太饱或空腹开车很危险

吃饱后，人体消化系统都处于满负荷工作状态，体内血液较多地供给肠胃以消化食物，大脑和四肢的供血量相对减少。此时，脑细胞活力下降，神经系统受到抑制，容易出现注意力不集中、思维迟钝，并感到困倦；当四肢供血量不足时，会感到疲软无力，这时出车容易发生交通事故。

当然，空腹时也不可驾车。当人体处于饥饿状态时，体内血糖浓度下降，神经系统脑组织细胞因血糖供应不足，思维活动受到抑制。这时人的定向能力和识别能力减弱，会出现心神不定、头昏眼花、全身乏力等症状。在这种情况下行车，驾驶员往往会因应变能力差、判断和操作失误而导致事故的发生。

二、出租车驾驶员的温馨贴士

（一）用药的注意事项

健康出了问题需要用药物来治疗。药能治病，也能致病，俗话说“是药三分毒”就是这个道理。但是在平时工作中，很多驾驶员朋友因为工作忙没时间去医院看病，有病时就自己买药吃或道听途说用药自我保健的现象十分普遍，然而，这些“随意”都会对身体带来损害。驾驶员用药时应注意以下常识。

1. 中枢神经系统药物

中枢神经系统药物主要分为中枢兴奋药和中枢抑制药两类，过量使用会引起狂躁、惊厥、昏迷，严重的甚至会导致死亡，长期用药中途突然停药会引起反跳现象，加剧失眠或出现过度抑制。

2. 心血管类药物

心血管系统所使用的药物尤其是强心甙及抗心律失常的药，其安全范围很窄，它的有效浓度和中毒浓度非常接近，容易产生毒性反应，这些药物必须在医生的指导下使用，同时最好做血药浓度监测，不要感觉不舒服了就买点药随便使用，否则极易引起严重的心脏毒性反应。

3. 维生素类药物

维生素是人体必需的营养素之一，一般是通过食物供给。出租车驾驶员由于工作流动性，饮食不规律、不营养，常会服用一些维生素类药物补充营养，但如果把维生素当做补品长期服用，则有可能增加人体代谢的负担。比如：长期或过量服用维生素 A 会出现毛发干枯、食欲不振、恶心等中毒反应；长期服用维生素 C 有可能导致结石等。

此外抗生素的合理使用也应引起高度重视，滥用抗生素将会引起细菌的耐药性，延误疾病的治疗。

一般生病后应在家中好好休养，但若仍带病出车时应注意：

（1）凡用药皆请医师处方，并向医师说明自己的职业。

（2）服药后出车，万一不适，应停车休息，不可勉强。

（二）简单有效的“健身操”

出租车驾驶员长期在车内久坐或保持固定的驾驶姿势，很容易对骨骼、肌肉、韧带带来损伤。所以出租车驾驶员在车内工作一到两个小时后，就需要走出车厢，站起来活动活动。这样不仅有利于全身血液流通，还可以减少骨骼、肌肉、韧带等的损伤。

每天进行十分钟的健身操是相当有必要的。该套健身操是结合出租车驾驶员的工作特点，对颈部、背部、肩部、腰部、腿部等进行的有针对性的练习，主要是对各个部位的肌肉进行静力性拉伸和力量练习。简单有效的练习，不但能让驾驶员得到锻炼，还不会占用其宝贵的上班时间。

1. 颈部练习动作

（1）静力性拉伸：身体保持坐姿状态，挺胸收腹，将头缓慢向后仰，直到达到头后仰的极点位置，颈椎有收缩挤压感觉，保持这个姿势 15 秒左右。

（2）力量练习：同样采用坐姿，挺胸收腹，利用耸肩来锻炼颈部的斜方肌，整个动作过程要缓慢，尽量用肩去碰触耳朵，在耸肩的顶点处停 1 秒，然后再连续做几次。

2. 背部练习动作

静力性拉伸：利用车门或者车身作为支撑物，双手抓住支撑物，然后将重心慢慢降低并后移，这时可以感觉到背部肌肉的拉伸，拉伸到背部极致位置时，保持这个姿势 15 秒左右。

3. 肩部练习动作

（1）坐在后座上，腿朝外。利用坐姿，挺胸收腹，双手伸直在体后，让掌心朝内并相扣，然后向后上方缓慢移动，对肩部三角肌前束肌肉进行静力性拉伸，保持这个姿势 15 秒左右。

（2）同样保持身体坐姿，双手体前交叉，一手贴于胸前伸直，另一手屈肘缓慢用力按压伸直手臂的上臂，对肩部三角肌的中束和后束进行拉伸，保持这个姿势 15 秒左右，然后再换另一侧进行拉伸。

4. 腰部练习动作

静力性拉伸：采用身体俯立姿势，双脚直立并与肩同宽，双手自然下垂放松，缓慢拉伸腰部肌肉，保持这个姿势 15 秒左右。

5. 腿部练习动作

（1）采用单脚站立，挺胸收腹，另一脚向后屈膝折叠，同侧手按压屈膝小腿的脚踝，对大腿股四头肌进行静力性拉伸，保持这个姿势 15 秒左右，然后换另一只脚进行练习。

（2）采用身体俯立姿势，双脚直立与肩同宽并保持膝盖微屈，双手自然下垂放松，重心向下压，保持这个姿势，对大腿股二头肌进行静力性拉伸，保持这个姿势 15 秒左右。

以上健身操可以在 3 到 5 分钟内完成，练习动作的安排根据驾驶员的身体情况自行安排动作顺序和练习的组数。需要注意的是，进行健身操要保证动作的缓慢，切忌大力拉伸和大力按压。

（三）有效防范避免疲劳驾驶

疲劳驾驶的危害显而易见，造成疲劳有三种间接原因，即睡眠不足、心情不好、心理承受能力较弱，但最主要是以下三方面的直接原因：

（1）长期脑紧张。

开车时大脑自始至终处于高度紧张状态，很容易导致头昏脑涨，这种情况多见于新司机和初学者。

（2）驾车动作的单一性。

我们都有这种体会，不管做什么事，只要出现多种姿势、多种频率或多种节奏就不易感觉累，但驾驶员不行，在开车时不仅姿势要长期保持一致，注意力也要长时间处于紧绷状态，特别是在高速公路上，路平、没弯、车少，一脚油门踩到底，没有任何可引起兴奋的东西，这种情况下最容易引起大脑疲劳，在遇到情况时很难反应过来。

（3）开夜车。

受昼夜时差限制，人在灯光下总会有一种昏昏欲睡的感觉，再加上晚上车少路宽，或白天没得到很好的休息，产生疲劳是很自然的事。

那么如何避免疲劳驾车呢？

（1）保证有足够的睡眠。

通宵达旦地加班、跑长途，甚至打牌、聊天、泡吧，对司机来说都是不可取的。一天当中有三个危险时段，即中午、黄昏和夜里，这是最容易产生睡意和疲劳的时候，在这三个时段开车更要格外小心。

（2）让大脑皮层有恢复的时间。

最好不要长时间地持续开车，大约每持续驾驶100公里或两小时就应该停车休息，使眼睛也可以得到休息。

（3）放松心情。

途中感觉单调犯困时可收听一些节奏感强的音乐或有趣的笑话，太累的时候索性在途中停车休息一会儿恢复体力，千万不可强打精神开车。

（四）合理用餐有助驾驶员健康

养成良好的饮食习惯是减轻疲劳、预防疾病的有效方法，但大多数出租车驾驶员为了获得好的收入，时常是“早不吃、中胡吃、晚大吃”，不顾身体健康夜以继日地拼搏，钱虽挣得不少，可身体也垮了。所以，出租车驾驶员运营中一定要注意自己的身体保健，最重要的是养成良好的饮食习惯。

1. 重视早餐

现代科学研究表明：早餐是人一天中最重要的一餐，早餐营养占全天营养的三分之一以上。人体的精力主要取决于体内储存能量的多少，而能量的产生主要靠糖分和脂肪氧化。若不吃早餐，待到中餐时因空腹时间过长，进食易吸收，会导致身体发胖。不吃早餐空腹时，造成体内胆汁分泌少，胆囊中胆汁无法及时排出，胆固醇饱和度增高，溶解缓慢，易致胆结石。因此，早餐应以糖类为主，蛋白质和脂肪为辅。为此，提醒出租车驾驶员在出车时，切莫敷衍早餐。

2. 准点中餐

劳累一上午的出租车驾驶员，中午需略加休息，停车用餐。略加休息能帮助消化，还可恢复体力和精力。中餐应食用营养丰富、高能量、易消化的食物，如蛋类、瘦肉、蔬菜、水果等。切不可乱吃，那种不管冷、剩、硬、酸、辣，拿过一份就吃的“狂暴式”中餐方式，营养少，热量低，无法满足驾驶员的劳动需要，久而久之，就会造成身体损伤。

3. 控制晚餐

出租车驾驶员工作一天，疲惫不堪，到了晚上，都想大吃一顿，犒劳犒劳自己。然而这种大吃大喝的饮食习惯，对身体不但起不到消除疲劳的作用，还会加重消化系统的负担，长此以往，必然导致消化不良、胃胀、下坠等症状，影响身体健康。吃好晚餐关键在于“控制”，换句话说就是定时定量，要少吃大肉，多食一些富含胡萝卜素和维生素的食物。

（五）健康体检是对自己负责

出租车驾驶员长年累月工作在狭小的驾驶室内，每天驾车穿梭于城市的大街小巷，接触各类社会人群，时时刻刻高度紧张，承载着较大的心理压力，加之工作时间长，生活缺乏规律、饮食多不定时，与从事其他行业的工作人员相比，存在的健康危险因素较多，易患呼吸系统、消化系统、心血管系统、骨骼系统、泌尿系统、神经系统和代谢系统等方面的疾病，因此更需要得到医学的关怀和帮助。

对出租车驾驶员来说，每年进行一次健康体检是十分重要和必要的。常规体检可发现大多的常见病、多发病。如果工作单位能组织此类检查务必积极参加，若不组织检查也要自行选择医院或体检机构检查。现在区级以上的医院，大多设有“体检中心”，可以接待各界人士进行健康体检。此外还有一些专门体检机构可供选择。这两类体检机构各有所长，医院的体检，质量有更多的保障，但专业体检机构，服务可能更加周到，基本费用没有太大差别，一般常规检查，费用在两三百元左右。健康是自己的，这钱值得花。

【提示与思考】

1. 您是否了解驾驶员的常见病？
2. 您有自己用药的习惯吗？
3. 你自己常做的保健操有哪些？

附 录：

北京市交通委员会运输管理局
北 京 市 交 通 执 法 总 队 文件

京交运出发〔2011〕330号

关于进一步规范首都国际机场出租汽车营业站区范围的通知

各郊区县交通局、各城近郊区管理处、各执法大队、各出租汽车企业，各区（县）个体出租汽车管理站，首都国际机场出租汽车营业站：

为了进一步加强北京首都国际机场地区出租汽车运营管理，规范运营秩序，为进出首都国际机场的旅客提供良好的出租汽车运输服务，根据《北京市出租汽车管理条例》的规定，现就有关事项通知如下：

一、依据《北京市出租汽车管理条例》第二十一条的规定，北京首都国际机场主管部门在北京首都国际机场设立东航站区和西航站区出租汽车营业站并划定了站区范围。

（一）东航站区出租汽车营业站设在三号航站区内。

站区范围：三号航站楼主体楼以南，二纬路南侧道牙以北，一经路、二经路西侧道牙以东，三经路、四经路东侧道牙以西的区域。

（二）西航站区出租汽车营业站设在一、二号航站区内。

站区范围：国航地服路口向东经管制区西出口经一号航站楼主体楼、管制区东出口、一号航站楼、二号航站楼连接走廊至二号航站楼连接道路北侧道牙以南，滑行西桥北侧向东经航空桥、航空桥东口、机场西路、首都机场路至二号航站楼主体楼连接道路南侧道牙以北，二号航站楼主体楼以西，机场货运路西侧道牙以东的区域。

二、首都国际机场出租汽车营业站应严格执行相关规定，在相应位置设立出租汽车营业站站区范围平面示意图。建立健全各项管理制度，选派调度员，对出租汽车的运营进行调度和管理。维护营业站秩序，配合运输管理和交通执法等部门做好出租汽车运营服务的管理工作。

三、载客至首都国际机场的出租汽车，应当在航站楼出发层下客，或者按照乘客要求在停车楼内下客。在航站楼出发层下客的出租汽车应在下客后立即驶离。

四、在首都国际机场出租汽车营业站站区范围内候客的出租汽车，应当按序排队、顺序走车并服从调度员的调派，不得在非规定地点长时间停留，不得私自揽客。

凡预约在首都国际机场接客人的出租汽车，一律停放在停车场（楼）内。

五、各出租汽车企业、区（县）个体出租汽车管理站要在本通知印发之日起30日内组织做好相关培训教育工作，确保每名出租汽车驾驶员掌握并严格遵守本《通知》的各项要求。

六、本《通知》印发30日后，凡违反上述规定的，交通执法部门将依据《北京市出租汽车管理条例》给予行政处罚并适时将违法情况向社会公布。

特此通知。

附件：首都国际机场出租汽车营业站站区范围示意图

北京市交通委员会运输管理局　　北京市交通执法总队

二〇一一年十二月二十三日

首都国际机场东航站区出租汽车营业站站区范围示意图

（虚线内为出租汽车营业站站区范围）

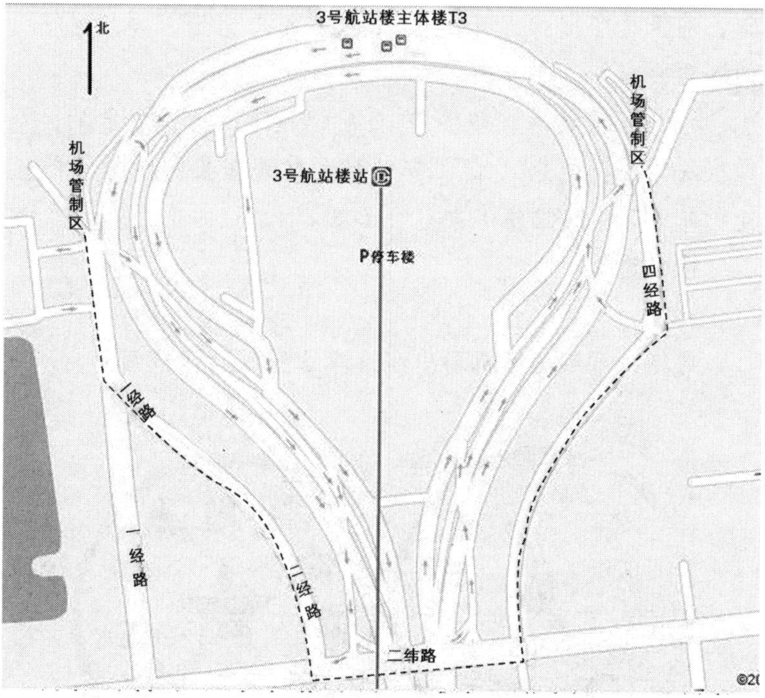

站区范围：三号航站楼主体楼以南，二纬路南侧道牙以北，一经路、二经路西侧道牙以东，三经路、四经路东侧道牙以西的区域。

首都国际机场西航站区出租汽车营业站站区范围示意图

（虚线内为出租汽车营业站站区范围）

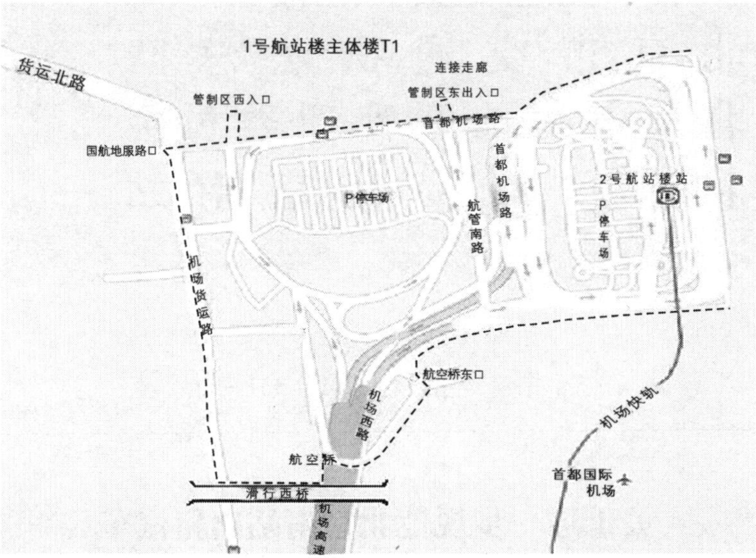

站区范围：国航地服路口向东经管制区西出入口经一号航站楼主体楼、管制区东出入口、一号航站楼、二号航站楼连接走廊至二号航站楼连接道路北侧道牙以南，滑行西桥北侧向东经航空桥、航空桥东口、机场西路、首都机场路至二号航站楼主体楼连接道路南侧道牙以北，二号航站楼主体楼以西，机场货运路西侧道牙以东的区域。

北京市交通委员会运输管理局
北京市交通执法总队
北京南站地区管理委员会
北京铁路局北京南站
文件

京交运出发〔2011〕331号

关于进一步规范北京南站出租汽车营业站区范围的通知

各郊区县交通局、各城近郊区管理处、各执法大队、各出租汽车企业，各区（县）个体出租汽车管理站，北京南站出租汽车营业站：

为进一步加强北京南站地区出租汽车运营管理，规范运营秩序，为进出北京南站的旅客提供良好的出租汽车运输服务，根据《北京市出租汽车管理条例》的规定，现就有关事项通知如下：

一、依据《北京市出租汽车管理条例》第二十一条的规定，北京南站主管部门在北京南站设立东侧和西侧出租汽车营业站，并划定了站区范围。

东侧出租汽车营业站设在北京南站地下一层东停车场，西侧出租汽车营业站设在北京南站地下一层西停车场。

站区范围：南站幸福路中心隔离护栏以南，北京南站东出口外道路南道牙以北，开阳路东道牙南至北京南站西进口东南角与北京南站南广场引桥外调头弯道南道牙的连接线以东，四路通中路北口西南角与永外车站路南口的连接线以西的区域。

二、北京南站出租汽车营业站应严格执行相关规定，在相应位置设立出租汽车营业站站区范围平面示意图。建立健全各项管理制度，选派调度员，对出租汽车的运营进行调度和管理。维护营业站秩序，配合运输管理和交通执法等部门做好出租汽车运营服务的管理工作。

三、载客至北京南站的出租汽车，应当在北京南站出发层下客，并在下客后立即驶离。

四、在北京南站出租汽车营业站站区范围内候客的出租汽车，应当按序排队、顺序走车并服从调度员的调派，不得在非规定区域长时间停留，不得私自揽客。

凡预约接客人的出租汽车，进入北京南站后一律停放在停车场内。

五、各出租汽车企业、区（县）个体出租汽车管理站要在本通知印发之日起30日内组织做好培训教育工作，确保每名出租汽车驾驶员掌握并严格遵守本《通知》的各项要求。

六、本《通知》印发30日后，凡违反上述规定的，交通执法部门将依据《北京市出租汽车管理条例》给予行政处罚并适时将违法情况向社会公布。

特此通知。

附件：北京南站出租汽车营业站站区范围示意图

北京市交通委员会运输管理局　北京市交通执法总队

北京市南站地区管理委员会　北京铁路局北京南站

二〇一一年十二月二十三日

北京南站出租汽车营业站站区范围示意图

(虚线内为出租汽车营业站站区范围)

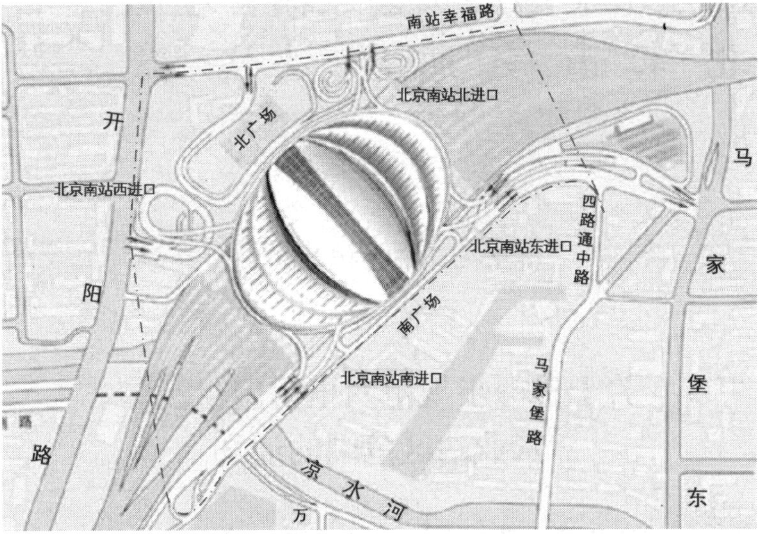

站区范围：南站幸福路中心隔离护栏以南，北京南站东出口外道路南道牙以北，开阳路东道牙南至北京南站西进口东南角与北京南站南广场引桥外调头弯道南道牙的连接线以东，四路通中路北口西南角与永外车站路南口的连接线以西的区域。

北京市交通委员会运输管理局 北京市交通执法总队 文件

京交运出发〔2012〕63号

关于进一步规范六里桥出租汽车营业站区范围的通知

各郊区县交通局，各城近郊区管理处，各执法大队、各出租汽车企业，各区（县）个体出租汽车管理站，六里桥主枢纽出租汽车营业站：

为进一步加强六里桥地区出租汽车运营管理，规范运营秩序，为进出北京浩达交通发展公司六里桥主枢纽的旅客提供良好的出租汽车运输服务，根据《北京市出租汽车管理条例》的规定，现就有关事项通知如下：

一、依据《北京市出租汽车管理条例》第二十一条的规定，六里桥主枢纽主管部门在枢纽北侧院内设立出租汽车营业站，并划定了站区范围。

东面：六里桥主枢纽东界内及人民村中路部分路段

(南至人民村中路首发大厦西北门，北至京石高速公路辅路，其中，人民村中路北口沿京石辅路东西各延50米划入范围)；

南面：六里桥主枢纽南界内，东至枢纽东墙，西至枢纽西墙；

西面：六里桥长途客运枢纽西墙沿线，北至客运枢纽北墙，南至枢纽南侧大门口；

北面：六里桥主枢纽北界外，西至客运枢纽西墙，东至人民村中路。

二、六里桥主枢纽出租汽车营业站应严格执行相关规定，在相应位置设立出租汽车营业站站区范围平面示意图。建立健全各项管理制度，选派调度员，对出租汽车的运营进行调度和管理。维护营业站秩序，配合运输管理和交通执法等部门做好出租汽车运营服务的管理工作。

三、载客至六里桥主枢纽出租汽车营业站的出租汽车，应当在六里桥主枢纽出租汽车营业站内下客，下客后立即驶离，若运营须到候客车队尾排队。

四、在六里桥主枢纽出租汽车营业站站区范围内候客的出租汽车，应当在候客区按序排队、顺序走车并服从调度员的调派，不得在非规定区域长时间停留，不得私自揽客。

凡预约接客人的出租汽车，进入六里桥主枢纽出租汽车营业站后一律停放在停车场内。

五、各出租汽车企业、区（县）个体出租汽车管理站要在本通知印发之日起30日内组织做好培训教育工作，确保每名出租汽车驾驶员掌握并严格遵守本《通知》的各项要求。

六、本《通知》印发30日后，凡违反上述规定的，交通执法部门将依据《北京市出租汽车管理条例》给予行政处罚并适时将违法情况向社会公布。

附件：六里桥主枢纽出租汽车营业站站区范围示意图

北京市交通委员会运输管理局　北京市交通执法总队

二〇一二年三月十三日

六里桥客运主枢纽出租汽车调度站营业站区示意图

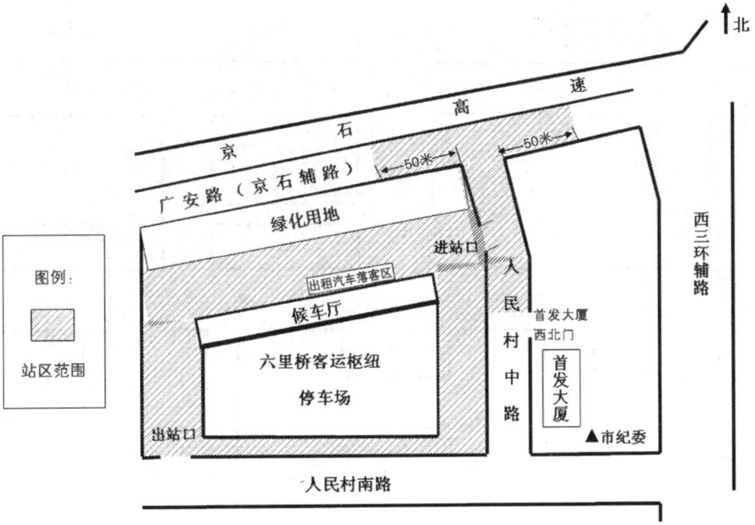

北京火车站出租汽车站区范围平面图

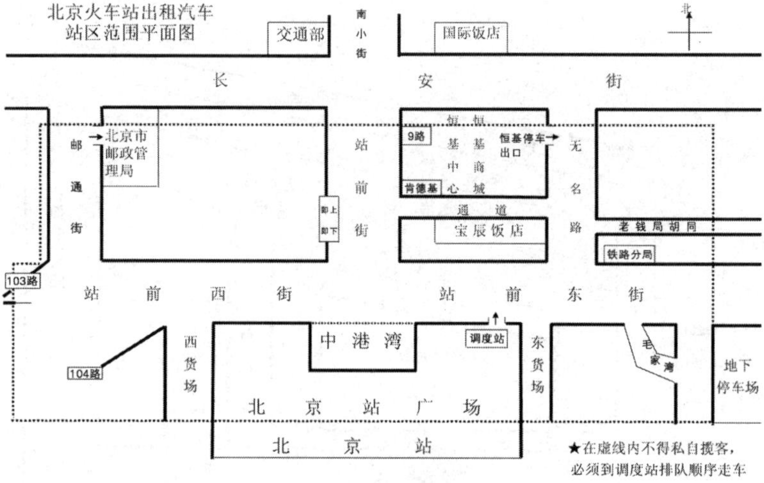

北京站地区出租汽车营业站区域范围是：

东至安得利地下停车场入口以西（含毛家湾胡同）；

西至103路总站（含）以东，南北延长线，含邮通街向北至北京市邮政管理局大门以南；

南至北京站东西货场东西虚线延长线以北；

北至站前街9路公共汽车站以南（含辅路），无名路北至恒基中心地下停车场出口以南（含宝辰饭店与恒基中心间通道及老钱局胡同）。

北京火车站西站出租汽车站区范围平面图

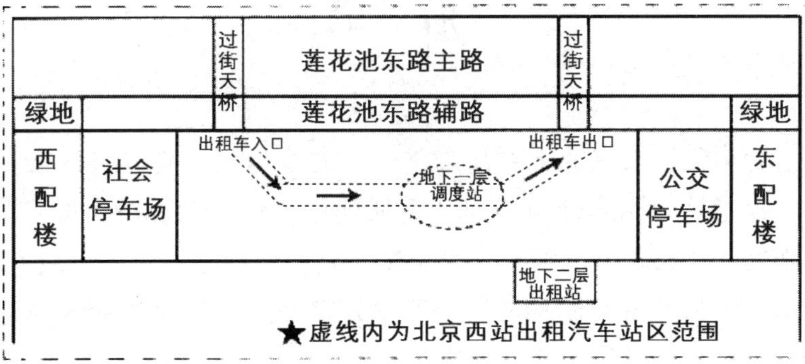

后　记

编辑出版《职业素质加油站：北京出租车驾驶员素质提升读本》，是北京市落实职工素质建设工程目标规划的重要工作之一。在北京市素质工程建设办公室的精心指导、组织下，由中国工人出版社具体实施课题开发并编写的《职业素质加油站：北京出租车驾驶员素质提升读本》在各方支持下如期出版。

在本书的编写过程中，北京市素质办主持召开了三次由北京市交通运输工会领导、工人出版社、作者和读者代表参加的研讨会议，就教材编写体例、大纲、内容及表现形式等进行了讨论，听取了北京市交通运输工会领导、北京出租车公司代表的意见和建议。作者还与出版社编辑一起，走访了北京祥龙、万泉寺等多家出租汽车公司的领导与员工，了解了他们在工作中的苦乐酸甜；体会到出租车行业发展和出租车驾驶员所负有的促进社会和谐、保证百姓便捷、安全出行的特殊使命，以及他们为首都北京经济社会发展作出的贡献。在本书编写中，北京祥龙出租汽车公司吴亦军书记，首汽、北汽九龙、北方出租汽车公司的领导和驾驶员代表，万泉寺出租汽车公司等单位对书稿内容提出了宝贵意见，并提供了相关资料，在此，谨表示诚挚的感谢。

本书的作者主要有北京石油化工学院冷文勇老师（第二

讲）、北京交通运输职业学院林小平老师（第一、第四讲）、北京交通运输职业学院丛艳华老师（第三讲）。

愿这本小书能够对出租车驾驶员朋友提供一点实际帮助；愿这本书的出版为提升北京出租车行业职工的整体素质增添一抹亮丽的色彩。

本书编者